学衡尔雅文库

主编 孙江

学术委员会

南京大学文科"双一流"专项经费资助

李晓东 著

法治

Rule of Law

江苏人民出版社

图书在版编目(CIP)数据

法治/李晓东著.--南京:江苏人民出版社,
2023.1(2023.7 重印)
(学衡尔雅文库/孙江主编)
ISBN 978-7-214-24892-3

Ⅰ.①法… Ⅱ.①李… Ⅲ.①法治-研究-中国
Ⅳ.①D920.4

中国版本图书馆 CIP 数据核字(2022)第 030303 号

书　　　名　法　治
著　　　者　李晓东
责 任 编 辑　朱　超
特 约 编 辑　王暮涵
装 帧 设 计　刘　俊
责 任 监 制　王　娟
出 版 发 行　江苏人民出版社
地　　　址　南京市湖南路 1 号 A 楼,邮编:210009
照　　　排　江苏凤凰制版有限公司
印　　　刷　南京爱德印刷有限公司
开　　　本　850 毫米×1168 毫米　1/32
印　　　张　6.5　插页 6
字　　　数　132 千字
版　　　次　2023 年 1 月第 1 版
印　　　次　2023 年 7 月第 2 次印刷
标 准 书 号　ISBN 978-7-214-24892-3
定　　　价　42.00 元

(江苏人民出版社图书凡印装错误可向承印厂调换)

回看百年前的中国，在 20 世纪之初的十年间，汉语世界曾涌现出成百上千的新词语和新概念。有的裔出古籍，旧词新意；有的别途另创，新词新意。有些表征现代国家，有些融入日常生活。

本文库名为"学衡尔雅文库"。"学衡"二字，借自 1922 年所创《学衡》杂志英译名"Critical Review"（批评性评论）；"尔雅"二字，取其近乎雅言之意。

本文库旨在梳理影响近现代历史进程的重要词语和概念，呈现由词语和概念所构建的现代，探究过往，前瞻未来，为深化中国的人文社会科学研究提供一块基石。

目录

序章

法治的中国逻辑

一、 礼是法、刑非刑

（一）同为规范的礼与法

俗话说，家有家规，国有国法。共同体不论大小，无问东西，要维护秩序的稳定与和谐，就需要树立共同的规范。对社会秩序的维护需要有共同遵守的规范是一个众所周知的道理，但是对共同规范的理解及其运用，因各个社会的惯习、风俗传统的不同而各自拥有不同的历史经验。

早在两千多年前，荀子就认为，人之所以胜于禽兽而为天下贵，在于"人能群"。他说："故人生不能无群，群而无分则争，争则乱，乱则离，离则弱，弱则不能胜物，故宫室不可得而居也，不可少顷舍礼义之谓也"（《荀子·王制》）。这里的"群"后被严复用来翻译英语中的"society"，也就是说，在荀子看来，建立跨越血缘关系的共同体——群，是"人之所以为天下贵"的能力，而群赖以生存的基础就是作为共同规范的礼义名分，离开它则必乱，必不能得以安居。这里的礼义名分就是政治社会的共同规范。

对于如何维持政治社会秩序的稳定与调和，传统的儒家与法家有着截然不同的主张。孔子说："道之以政，齐之以刑，民免而无耻；道之以德，齐之以礼，有耻且格"（《论语·为政》），这句话最能体现儒家与法家之间的不同。

"民之所欲，天必从之"、"天视自我民视，天听自我民听"（《尚书》），儒家主张以德与礼来治民，强调从民所欲的"德治"。相对于此，法家则主张，"圣人之治民，度于本，不从其欲，期于利民而已。故其与之刑，非所以恶民，爱之本也"（《韩非子·心度》）。也就是说，治民之本不应是从民所欲，而是相反的"不从其欲"，用刑罚来统治，这样才是利民、爱民。

不仅如此，韩非子还主张："抱法处势则治，背法去势则乱。今废势背法而待尧、舜，尧、舜至乃治，是千世乱而一治也。抱法处势而待桀、纣，桀、纣至乃乱，是千世治而一乱也"（《韩非子·难势》）。法家认为，比起儒家理想的尧舜式的德治，法治更能长久地维持社会秩序的安定。

这样，儒家的"德治"与法家的"法治"形成了鲜明的对照，构成了两种不同的政治传统。

孔子扬德、礼而贬政、刑，而荀子身为儒家，却开启了法家的思路，其门下出了韩非子、李斯等法家代表人物。荀子上承儒而下启法，在儒家与法家之间架起了一道桥梁。通过以上强调礼义名分的荀子的观点可以看出，后来重"政、刑"的法家与重"德、礼"的儒家在统治理念虽看似对立，但是，二者在要建立社会共同体的共同规范这点上则是一致的。礼与法在作为共同规范的意义上同是广义上的法，只是儒家重视以礼来教化，法家则重视以刑来统治而已。

孔子贬斥以政与刑来治国，但他批判的显然只是单纯以法（刑）来统治的精神，而不是排斥实际上也不可能排斥法（刑）本身。历史上，汉朝开启了"罢黜百家、独尊儒术"的时代，而在现实的统治中，儒家与法家、礼与法之间却并非水火不容，毋宁说历史上二者在现实中结合在一起已是一种共识。如瞿同祖认为，儒家以礼入法的企图在汉代就已开始。汉之法律尽管是法家所拟定的，但儒家通过对法律的注释和经义决狱开启了法的儒家化之端。陈寅恪更是指出"李斯受荀卿之学，佐成秦制。秦之法制实儒家一派学说之所附系"，特别是晋以后，"法律与礼经并称，儒家《周官》之学说悉入法典"。① 法家源自于儒家，儒家又通过法在现实中践行其价值。儒家以礼入

---

① 冯友兰：《中国哲学史·下》，上海：华东师范大学出版社 2000 年版，第 440 页。

法，以董仲舒的"春秋决狱"最具象征意义。董仲舒以《春秋》等儒家经典为价值标准来审理案件，沟通德治与法治，融儒法两家思想于一体。他对后世儒法之间的交融，形成中国独有的"礼法文化"产生了很大影响。在这种法文化中，国家的法律并非裁判时的唯一标准，而仅仅作为断案标准的"天理、国法、人情"中的一环而已。这种礼与法结合的法传统带来了"道德的法律化"和"法律的道德化"，前者引法入道德，导致原本只是规范人的外在行为的法律介入并约束人的内心，侵犯人的内心自由；后者则会导致以道德的名义恣意地解释法律，导致法不安定性①，二者都意味着这种法传统的前近代性。

然而另一方面，"礼法文化"中的"礼"又具有"自然法"意义的一面。在李约瑟（Joseph Needham）看来，礼就是中国的自然法。如果"法"与"礼"之间产生龃龉，那它就是错误的"法"。李约瑟认为，礼包含着两个层面的意义，它既是具体规范的细则，同时作为"宇宙原理"与西方神性的权威具有同等效力②。换言之，就是荀子所说的"礼也者，理之不可易者

① 参见梁治平《寻求自然秩序中的和谐——中国传统法律文化研究》，商务印书馆2013年版，第10、11章。同时，参见寺田浩明《中国法制史》，东京大学出版会，2018年。寺田将传统中国的听讼中重视"情理"的法传统称为"公论型的法"，以区分与西方的"规则型的法"。
② ジョセフ・ニーダム（Joseph Needham）：《中国の科学と文明・第3巻思想史〈下〉》，东畑精一、薮内清监修，吉川忠夫、吉田忠、高桥壮、寺地遵译，东京：思索社，1991年，第18章。关于"礼"是否自然法的讨论，另参见梁治平《寻求自然秩序中的和谐——中国传统法律文化研究》，商务印书馆2013年版，第12章。

也"。儒家的礼乃是永恒不变的普遍的"天理"的体现。总之，礼作为抽象的人伦准则上接天理，同时，又作为具体的习惯细则与法律相结合而下通人情。礼法文化中的礼作为中国式的"自然法"的意义是本书讨论的重点之一，后文将具体讨论。

中国的这一"礼法文化"的法传统持续了两千年，直到清末受到了来自西方的冲击才发生了根本改变。

（二）各不相同的"刑"与"荆"

法，无论在广义上作为共同规范，还是在狭义上作为法律制度，在中国的传统中包含着丰富的内涵以及对它的不同理解。但对于中国传统中的法，人们往往将它等同于作为禁制的"刑"，这也正是它为人所诟病之处。这是因为，将中国的法传统与西方的相较，就会发现在西方的法传统中，法的目的在于保护权利，例如罗马法的主要构成部分的市民法（ius civile），其目的就在于以成文法的方式来保护自由民的权利，维护正义，它也是现代民法的出发点。中国传统的法正相反，它的目的不在于保护权利，而是自上而下地"齐之以刑"，以作为统治工具的禁制。

然而，中国传统的法果真仅仅意味着"刑"而被作为禁制的工具吗？

事实上，这种认识与许慎的《说文解字》（以下简称《说文》）中对法的解释不无关系。

汉字中的法，其字本为"灋"。作为象形文字，构成"灋"字的每个部分各有其意义，而对它们的理解也因人而异。首先，让我们看一下《说文》中对"灋"的解释：

> 刑也。平之如水，从水。廌，所以触不直者去之，从去。

对于"灋"字中的偏旁三点水，《说文》解释为"平之如水"，这一解释究竟是意味着法作为规范毫无例外的平之如水的一律性，还是这一"水平"中包含着公平和公正的正义价值，似乎不够明确。现代法学家通过考证认为，三点水意味着把罪者置于水上，随流漂去，意味着驱除①，如此解释，便与"灋"字中的"去"属于同样的意思，法就不具有正义的价值而只起到功能性作用了。这种理解显然与《说文》将"灋"解释为"刑也"有着直接的对应关系。同时，《说文》对"刑"则解释道："刭也"。也就是说，在《说文》中，灋（法）＝刑＝刭，法意味着刭颈，即砍头。这样一来，就给后世造成了法等于刑罚的理解，法基于这种解释也就仅具有狭义上的工具

---

① 蔡枢衡：《中国刑法史》，南宁：广西人民出版社 1983 年版，第 170 页。另，如梁治平《法律的文化解释》，北京：生活·读书·新知三联书店 1994 年版；范忠信、郑定、詹学农《中国式法律传统》，商务印书馆（香港）2013 年版亦倾向或采此说。

性功能。

相对于此，著有《说文解字注》的清代的段玉裁却给出了不同的解释。相对于《说文》中将"灋"字解为"刑也"，段玉裁则将"刑"作"荆"字，并注道：

> 荆者，罚辠（即罪——引用者注）也。易曰，利用荆人，以正法也。引伸为凡模范之称。

也就是说，段玉裁认为，灋＝荆，它与刑是两个不同的字，其引申义为"模范"。段玉裁认为《周易》中的"利用刑人"中的"刑"字亦是"荆"字，《周易》的蒙卦中写道："发蒙，利用刑人，用说桎梏；以往吝"。按照黄寿祺的解释，此处的刑，即"型"，指以典型、法式教人，"发蒙，利用刑人，用说桎梏"的意思是"启发蒙稚，利于树立典型教育人，使人免犯罪恶"。① 这一解释充分体现了"荆"作为"型"的意义。相反，若是按《说文》的解释将此处的"刑"字当作"刭"字来理解，那就未免显得牵强了。

同时，在注释《说文》中的"刑"字解"刭也"时，段玉裁更是明确说道：

> 按荆者，五荆也。凡荆罚、典荆，仪荆皆用之。刑者，刭

---

① 黄寿祺、张善文:《周易译注》，上海：上海古籍出版社1989年版，第51页。

颈也。横绝之也。此字本义少用,俗字乃用刑为荆罚、典刑、仪刑字,不知造字之旨既殊。

也就是说,在段玉裁看来,"荆"字原意是罚罪,如"荆罚",又引申为模范,如"典刑""仪刑",此处的"荆"通"型"字,前者即典型,后者则带有典范、楷模之意。上述黄寿祺对蒙卦的解释,即"刑人"的"刑"通"型",也正与此相符。

这一点,再看《说文解字注》中对《说文》中的"型"字的注就更明确了。《说文》中写道:"型,铸器之法也"。对此,段玉裁注道:

以木为之曰模;以竹曰笵;以土曰型,引申之为典刑,段借荆字为之,俗作刑,非是。

刑——刭颈、横绝;荆——型、模范,造字之旨大相径庭,从现代法学的角度来看,如果是"法 = 刑",则法只具有工具性意义;但是,如果是"法 = 荆",则同时还包含模范、典范的价值性功能,其意义有本质的不同。因此说,刑非荆。

另外,对于《说文》中对"灋"的解释的后半段:"廌,所以触不直者去之,从去",段注在"去"之前补上了"廌"字,即"从廌去",段玉裁注道:"此说从廌去之意,法之正人如廌之去恶也。"这里更是明确了法(亦即灋、荆)不仅是工具和手段,它同时还彰显了正义的价值,唯其如此,才可以"正人"并"去恶"。

同时，"廌"字本身也具有重要的象征意义。"廌"，也被称作獬豸，是古代传说中能辨别曲直的具有神性的独角兽。传说中圣人皋陶就是依靠廌来做出正确的裁断的。现实中的法总是由人来制定，因此，法要树立其无谬性和权威性，就需要依赖于某种超越性或普适性的价值权威。"灋"字中的"廌"的神性即象征着这种超越性，在此意义上，它与西方的自然法思想有相似之处。

总之，由于"荆"字被遗忘，法（灋）往往只被理解为"刑"，而"荆"所具有的型、典范、模范之意，和"廌"所象征的正义性也往往因此被忽视了。

然而，近代的梁启超却没有放过这一不同。他明确指出："荆与刑为两字，说文云'刑，剄也'以剄颈为训。与法字殊义"①，显然，梁启超在此援用的是段玉裁的解释。梁启超在段注的基础上参照各家说法，为法（荆）下定义：

> 荆也者，以人力制定一有秩序而不变之形式，可以为事物之模范及程量者也。是与法之观念极相合也②。

梁启超还认为，"荆"字中的"井"又源自井田制，其内涵

---

① 梁启超：《饮冰室合集·专集 50》，北京：中华书局 1989 年版，第 133 页。
② 梁启超：《饮冰室合集·文集 15》，北京：中华书局 1989 年版，第 51 页。

包含了"平、直、秩序、不变，模范标准"等基本因素。 另外，对于与法相关的"律"字，说文中的解释为"均布也"，梁启超综合各家之说，将其概括为"律也者，平均正确，固定不动，而可以为一切事物之标准者也"①。

由此可见，在中国，"法"与"律"从其本意来说，并不仅仅是工具或手段，它本身作为标准和模范，同时也代表着正义的价值观。

二、 近代以来的新传统

回望近代中国，从魏源撰《海国图志》起，西方的立宪制度就得到中国的知识分子的关注。 随着适者生存的社会进化论的盛行和由于国家屡弱所带来的亡国危机感的增强，人们追求宪政的愿望越发强烈，以法治为特征的立宪制仿佛已成为救国的万能药。 在这里，知识分子们追求的近代西方的法治与传统法家的法治本质上是不同的，传统法家主张的法治中的法，仅仅是君主用以统治的工具，君主自身凌驾于法律之上，对君权的约束唯有期待君主自身的"自禁"，这种法治主义只是 rule by law；而近代的法治则主张法律之下人人平等，宪法高于一

---

① 梁启超：《饮冰室合集·文集15》，北京：中华书局 1989 年版，第 52 页。

切政治权力，即所谓 rule of law。 近代中国对立宪的追求也正是基于后者这样的法治观念。

但是，人们对立宪制度的憧憬在严峻的现实政治中几经挫折，人们越是憧憬，挫折后的失望也就越强烈。 以第一次世界大战为转折点，不少知识分子对西方文明及其议会制度的愿景破灭。 这种在对立宪的期望与失望之间的摇摆，如果不仅仅是一种单纯的重复，那么，二十世纪初以来围绕立宪的几次波折给我们留下了什么样的遗产呢?

这一点，近代中国和日本不同的二十年立宪之路或许能给我们一些启示。

就立宪来说，中国的邻邦日本从明治维新起历经二十年，在一八八九年颁布明治宪法，确立了立宪体制。 明治维新三十年后，在中国，康有为等人在光绪帝的支持下，以明治宪法为蓝本开始了戊戌变法。 但是，在那以后的同样是二十年的期间里，中国对立宪经历了渴望、失望与幻灭的激荡的历程，与日本形成了鲜明的对照。

如果将近代中国的这二十年再具体分为两个十年来看，首先，在戊戌变法因政变而成了昙花一现的百日维新后，中国的近代化改革似乎失去了动力。 但实际上，从一八九八年到发布宪法大纲的一九〇八年的十年间，立宪改革的推进却是极为迅猛的。 这一时期围绕中国的国际环境与中国社会显然已不允许政权背离近代化进程了。

戊戌政变后流亡日本的梁启超借其主笔的《清议报》和

《新民丛报》等媒体在积极宣传近代思想，介绍孟德斯鸠、卢梭、边沁等西方思想家的学说的同时，大力鼓吹宪政。 同时期的严复也是在着手翻译孟德斯鸠的《论法的精神》（1904）的同时，通过《政治讲义》《宪法大义》等作品在国内致力于普及宪政知识。 同时，戊戌变法期出台的留学日本的政策在变法失败后依然得到了施行，留日在一九〇五至一九〇六年间被推向高潮，留日学生近一万人。 在日本吸收了新知的留学生们通过翻译、发行杂志等手段展开启蒙活动，与戊戌变法后流亡日本的梁启超等人一道为中国立宪舆论的形成作出了巨大贡献。 另一方面，这一时期日本在日俄战争中的胜利被看作是立宪对专制的胜利，给中国的朝野以很大的冲击。 在这一背景下，经清朝五大臣历访东西诸立宪国进行考察后，清廷最终决定"仿行宪政"，日俄战争翌年的一九〇六年开始了"预备立宪"。 之后，立宪进程又在舆论的推动下进一步加速，各地创设了立宪公会等组织，展开了速开国会的请愿运动。 在这一运动的推动下，一九〇八年政府发布了《钦定宪法大纲》，它是立宪进程在戊戌变法失败后达到的又一个高度。 但是，立宪的日程表依然备受舆论批评，速开国会的请愿运动更加高涨。 在此压力下，清政府又被迫在一九一〇年宣布将预备立宪的期限改为五年。然而，上述迅猛的立宪进程并没有实现当初人们所预期的君主立宪，该进程因辛亥革命的爆发而中断。 辛亥革命在中国建立了亚洲的第一个近代共和国。 尽管共和制与当初推进改良立宪的许多启蒙知识分子的预期不同，但帝制的终结与宪政的实现还是广为人们所接受，可以说，第一个十年中所形成的关于立宪的社会共识是其重要基础。

但是，此后作为西方近代文明象征的立宪政治的形象在许多人心里产生逆转同样也用了不到十年的时间。 在第二个十年中，首先，在人们的期待中被理想化了的议会很快就令人大失所望。 选举过程中的贿选、候选人的道德缺失现象，以及议会成为党争的工具等现实，让人体会到理想与现实之间的巨大落差。 不过，即使这样，一九一四年袁世凯解散议会时，强烈抵抗的不仅是试图通过议会制约袁世凯的革命派，即使是批判革命党并支持袁世凯的知识分子中，反对解散议会的也不在少数。 理想与现实之间虽有不小的落差，但理想还不至于那么脆弱。

大大改变了许多人对西方近代文明的看法的是第一次世界大战。 一战所带来的惨祸使许多向往和追求西方文明的知识分子们开始对西方的思想与制度开始产生了怀疑，甚至幻灭。 例如，在清末的立宪讨论中始终走在最前头的严复对这四年间前所未有的血战评价道："觉彼族三百年之进化，只做到'利己杀人、寡廉鲜耻'八个字"①。 与此同时，象征着西方文明的立宪制与议会的形象也受到冲击。 不过，正如之后的历史进程所显示的那样，因一战而对西方文明的幻灭的确成为人们修正将

---

① 王庆成、叶文心、林载爵主编：《严复合集 4》，台北：财团法人辜公亮文教基金会 1998 年版，第 1150 页。

西方近代文明理想化的契机，但西方文明所崇尚的民主与科学却依然是知识分子们批判现实的重要工具，同时，应该看到戊戌变法后的二十年间的激荡历史为中国的政治制度史确立了一个不同于前近代的新传统，那就是追求近代法治的传统。

如果从一个更长的历史时段来看，儒家在汉代获得正统意识形态的地位后，知识分子作为士大夫为了追求好的政治，从民本思想的立场出发思考各种限制君权的方法，但终究无法摆脱期待君主的德治、仁政的思维方式。而在近代，在他们将目光投向西方后的数十年间，通过法来限制君权的法治观念深入人心，成为不可逆的时代潮流。的确，在近代历史中，开明专制、训政等各种"德治"型的政治讨论与实践占据了优势，但是同时，清末以来确立的法治理念也始终一贯地得到坚持。

清末的立宪过程经由了一条迂回而充满挫折之路。对于立宪过程中出现的反复，或许我们可以求之于时代与环境等外因，例如政府的守旧与腐败、国家面临的生存危机需要权力的集中，以及当权者的个人野心与权力欲，等等。可以说这些解释都各具其合理性，但是，这些说明未能触及立宪的理念与价值本身；或许我们也可以将近代中国没能真正确立体现近代法治精神的立宪体制的原因归之于中国的文化传统，尽管本书也同样重视历史文化传统，但是，笔者并不主张这种文化决定论，因为它只能导致宿命论。

那么，在清末中国的立宪过程中，人们是怎样理解立宪的？近代追求法治的新传统又给我们留下了什么样的遗产呢？

三、 一样的法治、不同的逻辑

近代西方的法治（rule of law）的本质就在于法的至高性。不仅是司法，行使政治权力都要以法这一客观规范为准绳，这样，才能够排除行使权力者的恣意性。 因此，法治的最大意义就在于制约政治权力的滥用，保障个人权利。 而体现法治思想的近代立宪制度，其最具象征意义的机关便是议会，它是制衡政治权力的最重要机构。 近代西方的法治思想和制度在清末被作为"富强"之本而为启蒙知识分子所倡导。 然而细细观察，尽管对于法治思想及以议会为象征的立宪制度的追求是坚定的，但是他们对这一思想制度的理解和接受的逻辑却是不同于西方法治原理的。 这一点，可以在近代最具影响的严复和梁启超的关于法的思考与主张中观察到。 本书将具体通过严复对法治的理解和梁启超对自然法的考察，以阐述他们是如何通过对西方的法治思想进行"再诠释"来构筑他们关于中国法治的设想的。

(一) 议会功能的再诠释

首先，亲见近代西方的法治社会并为其所深深吸引的知识分子中，最广为人知的当数严复。作为近代中国最初的海军留学生的严复回忆自己留学英国期间，"尝入法庭，观其听狱，归邸数日，如有所失。尝语湘阴郭先生，谓英国与诸欧之所以富强，公理日伸，其端在此一事"①。对于严复的看法，与严复成忘年交的时任驻英公使的湘阴出身的郭嵩焘也深以为然。可以说，严复对伸张公理的西方近代法治的憧憬，正是他着手翻译孟德斯鸠的《论法的精神》的最大动力。

而最能体现西方法治下的近代立宪制特点的无疑是它的议会制度。郭嵩焘作为近代中国的第一位驻外公使，正是在严复留英的一八七七年到任英国的。驻英期间，他十分热心地参观欧洲各国，理解和吸收西方的近代文明。作为公使，他得以受邀现场观摩英国议院的讨论。可以说他是亲历西方议会的第一人。郭嵩焘认为，"西洋各国立国有本有末，其本在朝廷政教"②，"西方国政一公之臣民，其君不以为私"③。他关注英国议院，"分同、异二党，使各竭其志意，推究辩驳，以定是非……问难酬答，直输其情，无有隐蔽"④，高度赞赏西方的议会制度体现了"公"的政治。

郭嵩焘和严复可以说是最早亲身体验西欧近代文明的知识分子。不过，若是通过书本的间接介绍的知识，还可以上溯到

① 王庆成、叶文心、林载爵主编：《严复合集13》，台北：财团法人辜公亮文教基金会1998年版，第276页。
② 梁小进主编：《郭嵩焘全集·四》，长沙：岳麓书社2012年版，第783页。
③ 梁小进主编：《郭嵩焘全集·三》，长沙：岳麓书社2012年版，第393页。
④ 梁小进主编：《郭嵩焘全集·三》，长沙：岳麓书社2012年版，第393页。

《海国图志》一书，其中就已注意到了后来郭嵩焘在英国亲见的议会。该书是这样描述的："国中有大事，王及官民俱至巴利满衙门，公议乃行"①，"如有按时变通之事，则庶民择其要者，敬禀五爵、乡绅之会。大众可则可之。大众否则否之"②。可以说，经过议会的"公议"，"大众可则可之。大众否则否之"的这一叙述已经准确地抓住了作为近代西方立宪制度象征的议院的功能和意义。

然而，意味深长的是，尽管已有对议会制度的性质与功能有着较为准确的理解的书籍，但是，清末关于开议院的讨论却是基于与西方不同的逻辑来理解和解释的，这一点可以通过两个事例加以理解。

首先是近代中国作为议会论代表的郑观应的主张。在其《盛世危言》中，郑观应一方面认为："泰西各国咸设议院，每有举措，询谋佥同，民以为不便者不必行；民以为不可者不得强"，认识到议会的作用是限制政治权力，但另一方面，他期待的却是通过议会使"君民相洽，情谊交孚"，实现"上下一心"和"君民一体"。③ 也就是说，郑观应吸收了近代西方议会的观念，一方面认识到议会制度在制约君权方面的作用，另一方面又希望有一个"上下一心"和"君民一体"的议会，将议会

---

① 文中的"民"，根据原文说明是"甘文好司供职之人"，即下院（house of commons）议员。参见魏源《海国图志》，岳麓书社 2011 年版，第 1404 页。
② 魏源：《海国图志》，长沙：岳麓书社 2011 年版，第 1425 页。
③ 郑观应：《盛世危言》，上海：上海古籍出版社 2008 年版，第 420 页。

视为调和君主与臣民之间关系的机关。 在他们对议会的认识里，可以说包含了制约君权和调和君民关系，创造"上下一心"的和谐状态这样两个方面。 那么，我们应该如何理解这种看似矛盾的二者之间的关系呢?

第二个事例是严复的主张。 近代中国对西方立宪制的认识，到了严复，可以说达到了一个新高度，翻译孟德斯鸠的著作《论法的精神》本身就具有划时代的意义，严复在翻译的过程中同时又译著了《政治讲义》及相关的文章，可以说在同时代的中国对西方法治精神和立宪制度的理解无出其右者。 然而，严复一面强调法治，一面却质疑孟德斯鸠的三权分立理论。 他认为，倘若英国的国政如孟德斯鸠在《论法的精神》中所说的那样，将内阁诸行政大臣排除在议会之外，那么，它的整体早就崩坏散架了。 因此，英国的宪政二权实际上并未分立。 也就是说，在严复看来，如果忠实按照三权分立的原则来实施的话，内阁与议会之间就会产生很大鸿沟，互不相及。 这种互相间的牵制会导致妨碍各个政治机关间的沟通，于政治是有害的。 在他看来，实际上英国的议会内阁制中内阁与议院看似分开，实际上二者间却无界限。 因此，严复评价说:"孟说确有其不可通者"①。 作为近代中国最为热烈拥抱西方法治思想制度的严复，同时又质疑孟德斯鸠的最为著名的三权分立理

---

① 王庆成、叶文心、林载爵主编:《严复合集2》,台北:财团法人辜公亮文教基金
会 1998 年版, 第 460 页。

论，对此又该如何理解？

如果把郑观应对西方立宪制度的理解上的偏差归因于对西方理解的不足，看似未尝不可，但是严复的质疑却是他在对西方立宪思想的咀嚼和对制度的观察的背景下提出的。 显然，看似认识和理解上的"误读"和"歪曲"并不能简单地被归结为时代的局限性，否则，那只能陷入以西方近代这把尺子来衡量中国的"东方主义"了。 因此，笔者更愿意将"误读"和"歪曲"称为"再诠释"。 这也是本书的基本视角。 近代中国知识分子的主张显然自有他们对同时代的政治现实的认识和他们自身的逻辑。 笔者认为，这些主张的特征和意义只有通过对知识分子的再诠释的考察才能得以说明。 本书认为，"上下一心""君民一体"的主张实际上源于中国的政治传统和逻辑，而严复对法治的理解也同样可以在这一传统的延长线上来理解。 他为我们提供了从中国的逻辑来思考法治的视角。

（二）"自然法"的超越性的意义

近代中国接受西方法治思想是基于中国自身的逻辑这一点，还可以通过近代中国对西方自然法的理解来把握。

马克斯·韦伯把政治统治分为三种类型，即传统型统治、卡利斯马型统治与合法型统治。 传统型统治如家长制，诉诸传统的规范；卡利斯马型则基于领袖的超人魅力和能力；合法型统治则意味着共同体成员共同服从于合理制定的规则，近代的官僚制便是其最典型的形式。 相对于前两种类型，合法型统治显然最具有合理性并最为稳定。 那么，接下来的问题便是，法规范最终还是必须由人来制定，那法的权威性又源自于何处呢？ 这是一个不可回避的重要问题，因为，法若不具有权威，必不能得到有效的遵守，同时，法也缺乏安定性。 这样，势必动摇政治统治的正当性。 在这一点上，东西方是相通的。 而思考上述问题的关键，就在于自然法这个概念。

在西方，根据梁治平的梳理，同被译作法的词在拉丁语中主要有 Jus 和 Lex，前者包含着权利，以及公平、正义等道德含义。 后者则意味着具体的规则、法律。 前者富有哲学意味，后者则技术性强。 而与 Jus 相近的德语是 Recht，英语则是 Right。[1] 欧洲的大陆法可溯源至罗马法，而罗马法最主要的构成部分就是规定罗马市民相互间关系的市民法（ius civile），它也是后来的民法的起源。 罗马法最重要的目的在于通过成文法方式维护正义，保护自由民的私有财产等权利。 十九世纪法国人权宣言中的"凡个人权利无切实保障和分权未确立的社会，就不拥有宪法"，也正是承继了这一传统。

值得注意的是从罗马法起贯穿在西方法传统中的自然法传统。 这一拥有两千多年历史的传统源于公元前三世纪古希腊的斯多噶的自然法思想，它从泛神论的立场出发主张自

---

① 梁治平：《法律的文化解释》，北京：生活·读书·新知三联书店1994年版，第364、388页。

然（physis）是神的理性（logos）的体现，是必然法则，而遵从这一自然的理性被看作是人的美德。公元前一世纪，西塞罗将自然法应用到罗马法中，主张罗马法的正确性正是以自然法为根据的。

法的权威往往需要依赖于某种超越性和普适性的价值或因素，因为只有这样才能够被置于共同体成员之上，传统的伦理道德观、领袖的个人魅力都是如此，自然法在此意义上也是一样的。自然法思想即是在价值的层面上树立具有超越性的信仰或普适的道德价值并用此来规定现实中的法。西方的自然法思想从斯多噶在泛神论基础上提出自然法到十三世纪的托马斯·阿奎那的自然法，无不是通过赋予普适的道德伦理以具有超越性的神性来规定现世中的实定法的，它意味着只有符合人的自我保存、对共同善的追求等自然法法则的实定法才具有正当性。十七世纪格老秀斯之后，近代的自然法从神性中独立出来，但它依然是将普适的道德价值置之于实定法之上并作为其指针的。

中国显然没有像西方自然法那样的传统，但是，通过具有超越性的道德伦理价值来规范现世秩序的方式却是共通的。孔子前述的"道之以德，齐之以礼"中的德、礼在儒家的传统中通过与天理、道的结合获得了超越性的价值以规定现世的人伦和政治秩序，这也正是礼被李约瑟称为中国的自然法的缘故。

对于传统法家的"法治"和儒家的"德治"，在梁启超看来，与君主不被课以义务的法家相比，儒家主张君主对万民负有义务，这点上儒家优于法家。① 在儒家思想中，至少从理论上来说，君主要服从于儒家的礼等诸价值，儒家政治道德是被置于君主的权力之上的超越性价值而对君权具有约束力。

君主的义务就反映在以"天视自我民视，天听自我民听"和"民贵君轻"等为宗旨的儒家民本思想中。 这一宗旨不仅因为它是儒家思想中不可或缺的一部分，同时还因为它与儒家的诸价值一道与"天""天理"相接构成中国的"自然法"，作为超越性的价值而对君主——"天子"——具有规范性的权威。在梁启超看来，这种超越性的权威正是传统法家的法治主义传统中所欠缺的。

近代随着西方的法治思想被引入中国，作为接受西方法治的传统思想资源，法家的法治传统备受关注，然而，传统的法治与近代的法治具有本质的不同，在建构近代中国的法治、立宪制度过程中，如何看待中国的法传统，处理具有"自然法"传统的儒家与法家之间的关系成为一个绕不过去的课题。 而且，这并非一个单纯的贬此扬彼的问题，同时也是一个如何让近代的法治思想与中国的文化传统相调适，使其扎根中国社会的课题。 可以说，梁启超是第一个从自然法角度正面回应此课题的知识分子。

综上所述，中国具有两千多年的德治、礼治与法治主义的

---

① 梁启超：《饮冰室合集·文集7》，北京：中华书局1989年版，第55页。

思想传统，也有近代以来一个半世纪以上的向西方学习法治、立宪的传统。本书将从政治思想史的角度出发，主要通过严复对近代法治的理解和梁启超从法理学角度对自然法的探讨这两方面，来考察近代中国的知识分子是如何在中国传统的文脉中和中国的政治现实背景下来理解近代的法治概念，并对法治思想与制度进行"再诠释"的。严复与梁启超等知识分子的"再诠释"的思想资源无疑来源于他们的传统文化教养，本书将具体通过"通"的传统政治意识和儒家的"自然法"传统的角度来勾勒出近代的知识分子在构想中国法治制度的主张中所体现的中国逻辑。笔者相信，他们的思考是当代中国法治建设的重要思想资源。

第一章

「通」与「自然法」的思想传统

近代中国的启蒙思想家们在接受西方近代法思想时的"再诠释"，离不开他们作为传统知识分子的知识背景，对此，本书将从可称之为"通"的政治思想传统和中国的"自然法"思想传统来考察他们对西方法思想的"再诠释"的特质，前者与近代中国知识分子的议会观相关联；后者关系到对中国法治建设方向的思考。同时，这两个传统又都和儒家经典之一的《周易》有着密切关系。

一、变革与"变通"

（一）"变、通"的政治哲学

日本政治思想史家丸山真男在其著名的论文《历史意识的"古层"》中多次谈到《周易》。他认为："在日本的历史思考中，中国古典中特别是《易经》是被最频繁地动员的。 易中的万物流转与变化的诸相为解释历史的变动提供了很好的'哲学'。 事实上，例如易中的'变通'概念……是显示历史的力学的最为广为人知的概念之一"。①

对于"变、通"概念的理解，丸山认为中国与日本的最大区别就在于，在中国，"易穷则变，变则通，通则久"不仅仅意味着宇宙万物的运动与变化的实相，更重要的是它显示了自然变化中的不变之理。 然而，相对于《周易》中所体现的"自然"里"包含着事物的本质和应有的秩序这样一种重要的含义，和语中的'おのずから（自然地——引用者注）'一词却始终只是意味着自然而然，是一个以自然地生成的观念为核心的词，而对事物固有本质的定义总有种不适之感"。②

---

① 丸山真男：《忠誠と反逆——転形期日本の精神史的位相》，东京：筑摩书房，1992 年，第 334 页。

② 在此，丸山的意图在于批判日本的"古层"中缺乏伦理道德规范的"自然"的范畴，这种自然而然地生成的"势"作为生成的能源，取代了人格的神或是非人格的"理"、太极等绝对的始源和永恒，它所导致的结果是，在缺乏终极价值的规范中，顺从于自然而然的生成之势而对现实无条件地追认。 丸山提出"古层"与"执拗低音"的最大目的，在于以此来批判日本思想中的那种无规范、无终极目标，从而无条件地对现实予以肯定的特性。 作为政治学者，丸山在战争期间被征兵，亲历了战争和原子弹爆炸，深受天皇制国家军国主义之痛，在战后又和同时代知识分子一道形成"悔恨共同体"，反省没能对战前日本的超国家主义进行有力抵抗，所以他的研究的一大主题就在于从战后民主主义的立场出发对日本思想中的前近代性格进行体无完肤的批判。 如果说，丸山著名的论文《超国家主义逻辑与心理》指出了战前日本天皇制国家的军国主义的症结所在，为还陷在战败后迷惘之中的日本民众提供了答案而使丸山备受瞩目，那么，对古层、执拗低音的探索就是从"思维样式"出发对战前日本的症结的寻根。 正因如此，丸山主要是从负面来把握"古层"的。 参见丸山真男《忠誠と反逆——転形期日本の精神史的位相》，筑摩书房，1992 年，第 338 页。

诚如丸山所言,《周易》中的"变、通"作为中国人谈论历史时的基本概念,可以说它构成了传统中国政治的思维模式,同时它也是历代知识分子在讨论政治时的基本范畴。

一方面,"变"强调的是对现实进行变革的一面,它是将变革的诉求加以正当化的话语,例如,顾炎武评论黄宗羲的《明夷待访录》、戊戌变法期的康有为在向光绪皇帝建言变法时都离不开"易穷则变,变则通,通则久"。同时,变革的方式还包括了其终极形态,即改朝换代的易姓革命,易赋予革命以正当性。

另一方面,"通"则是变革的结果,是变的目的所在。阴阳变化、万物流转中,"通"是最基本的保证。不通则塞。天、地、人"三才"的人事中,为政者以民为本,下通民情、使民隐上达。君民之间如何保持"通"的状态,如何建构保障"通"的政治机制,成为历代以民本为宗旨的儒家知识分子的关心所在,"通则久",通是良好政治得以延续的保障。

讲求变通的《周易》固然是儒家的经典之一,但阴阳变易之动态思维并非儒家的专有。由于易最初用于占卜,天地人相应的观念与变易、变通的自然法思想也深入一般中国人的思维中。因其占卜的一面,易在现代往往被贴上封建迷信的标签而受到批判,但是源于易的天地人三才的观念、变通、居安思危、物极必反,及其矛盾的对立统一等在现代中国却都是被广为接受的一般观念。

另一方面,尽管对易的解释并非由儒家独占,但是孔孟对易的影响依然是巨大的。先秦儒家的思想偏于政治与道德,对自然观和宇宙观的论述却很少。 因此，儒家通过对易的解释，用易的体系来自我武装变得非常重要。 易的体系经由汉以后的发展，在宋明时期与道学相结合，影响达到顶峰。 宋明哲学诸派的理论均与易学相结合，著名的儒学者往往也都是易的解释者。 一方面，从易学发展的历史看，无所谓正统派的易学，历代关于易的解释，可查者就达数百种。 另一方面，《周易》到了汉代成为经书中的经书，被当作"圣人之书"，成为绝对的真理。 因此，历代的儒学者们在共同拥有易这一变易、变通的宇宙观与世界观的同时，又根据各自的理解来解释易，将它作为自己的思想资源。 特别是在王朝处于危机状态时就更是如此。例如，明末清初的王夫之与黄宗羲各自著有《周易内传》《周易外传》《易学象数论》等著作，他们对王朝政治的诊断及其政治变革主张都离不开他们的易学背景。 同时，经由变革而实现的政治上的"通"——政通人和，则是实现以民为本的仁政的基本保障。《周易》中说道："是故形而上者谓之道，形而下者谓之器。 化而裁之谓之变，推而实行之谓之通，举而措天下之民谓之事业"（《周易·系辞》）。 形而上者是作为阴阳变易的法则的道；形而下者是阴阳的卦画；阴阳的变化是遵循着法则的；阴阳的爻的变化推移是通；而将此法则实行到天下之民，这是圣人的事业。

　　"通"这一思维模式的原型，大约可以追溯到人所皆知的"大禹治水"的传说。 作为"三代"的圣人之一，禹的最大功绩就在于治水。 在《山海经·海内经》中记载："洪水滔天，鲧窃帝之息壤以湮洪水"，禹的父亲鲧为了治滔天洪水，窃取可以不断自我增长以阻水势的土壤——息壤，结果失败了。鲧死后，禹继承了父亲的事业。禹一改用堵的办法来阻断洪水，而是使用了疏通的方法，"决九川距四海"（《尚书·益稷》），即禹疏通了河水使之流入大海，最终取得了治水的成功。

对于禹的治水，《孟子》中是这样记述的：

> 禹疏九河，沦济漯而注之海，决汝汉，排淮泗而注之江，然后中国可得而食也。（《孟子·滕文公上》）
>
> 天下之生久矣，一治一乱，当尧之时，水逆行，泛滥于中国，蛇龙居之，民无所定……使禹治之，禹掘地而注之海，驱龙蛇而放之菹，水由地中行，江、淮、河、汉是也，险阻既远，鸟兽之害人者消，然后人得平土而居之。（《孟子·滕文公下》）

在这里，鲧的治水方法"湮"与禹的治水方法"疏"和"决"，亦即"塞"与"通"形成了鲜明对比，"塞"的失败与"通"的成功意味着对二者的价值判断。治水中的"一治一乱"同时也被用于政治社会，即所谓天下的治乱。在中国传统的农耕水利社会里，大禹治水的寓意同样适用于政治社会。

上述的"塞"与"通"，在《周易》中被表现为"否"与"泰"，它们是体现易的"变通"特质的一对卦。所谓"泰"，

就是"天地交而万物通也，上下交而其志同也"；所谓"否"，
就是"天地不交而万物不通也，上下不交而天下无邦也"。 显
然，"塞"与"通"不仅适用于天地，它同样适用于政治社会的
上下之间，上下通则可同心同德，上下不通则国将乱。

易是通与塞、治与乱、"中正"与"物极"的状态间推移与
反复的运动，可以说，"通"与"中正"不仅意味着事物处于平
衡、调和状态，它同时代表着一种价值，意味着一种理想。 变
革的目的在于重建失去了的平衡和调和，在此意义上意味着
"复"，顺天应人的易姓革命也不例外，因为，革命意味着恢复
脱离正道的政治。 当然，对"道"的恢复并不表示政治的内容
没有变化，变革意味着新的调和状态，即刚柔相互作用的新的
平衡的动态，而绝非返回原点的单纯反复和反动。

具有强烈的实践性的儒家，其价值理念中的终极理念天、
理、道等是通过成为五经之首的《周易》而被哲理化的，可以
说，儒家的诸价值理念通过易学自然法的哲理化，才得以获得
了对现实政治权力的超越性和规定性的根据。

（二）"变、通"与进化

"变、通"作为变革的重要资源，在近代，同时还是人们
接受进化论的重要媒介。

严复在把赫胥黎与斯宾塞的理论结合起来的译著《天演
论》中引进了近代西方的进化论，它给同时代的儒家知识分子

以巨大的冲击，也大大地改变了人们的世界观。 对于同时代的知识分子们来说，使王朝陷入存亡危机的强烈的"西力冲击"不同于此前的王朝更替逻辑，是未曾有过的变局。 对于伴随着武力东渐而来的西方的他者，人们再也无法单纯地将之看作夷狄，而不得不承认这一他者是比自己更强更优的对手。 在这一背景下，以"物竞天择""适者生存"等概念为象征登场的《天演论》被作为极具说服力的理论而为人们所接受。 这是因为，进化论在理论上为人们所面对的"优胜劣败"的现实提供了令人信服的说明。 严复后来又将甄克思的《社会通诠》翻译过来，介绍了甄克思的单线式的社会进化论。 进化论的这种"进步"的性格得到了继承，一九一〇年代开始了彻底批判儒家传统的新文化运动。

但是，另一方面，第一次世界大战后，率先向西方寻求真理的严复的心境却发生了很大变化。 在他看来，西欧三百年来的进化只做到了"利己杀人、寡廉鲜耻"，他对欧洲文明的幻灭之情可想而知。 不仅是严复，一战后对西欧近代文明的幻灭在中国的知识分子中形成了一股潮流。 一九二〇年代，掀起了一场关于科学是否万能的，科学对人生观是否有效的问题的争论，即所谓科学与人生观（科学与玄学）的争论。 随后，争论又发展成为关于东西方文化优劣之争，这一争论可以说其影响一直延续至今。

一战后思想发生变化的严复，晚年被称为保守顽固的老人。 这一评价反过来象征着，由严复率先输入的，"作为'公

理'、'公例'的进化论给清末带来的一种统一性"①，单线式
的进化论与"进步史观"已渗透中国社会，成为一种根深蒂固
的价值观。

尽管传统的文化自近代以来始终是意识形态的批判对象，
但是直到今日依然是围绕东西方论争的讨论主角之一，这种东
西方二元对立式的观念本身就意味着传统所具有的强韧性。 在
接受进化论前，对于社会的变化，人们不是用单线的进步与进
化史观来认识，而是以"一治一乱"循环史观来把握的。 政治
社会的治乱兴废是调和与失序交互更替的过程，而对这一切在
理论上做出说明的则是《周易》。 近代以来，表面上《周易》
似乎为进化论所取代，实际上依然直接或间接地影响着人们。
事实上在清末，无论是在接受西方近代的制度时，还是被作为
改良或革命的主张的逻辑时，《周易》都被频繁地动员和使用。
"穷则变，变则通，通则久"，"天地革而四时成，汤、武革命，
顺乎天应乎人。 革之时大矣哉"（《彖·革》）等《周易》中的
言辞被频繁地引用。 这些援引究竟仅仅是引用者们为了强化自
己主张的正当性时的修饰，还是反映了面临危机时人们的态度
及其思维模式呢？ 假如是后者，近代的改革和革命的理论又在
多大程度上受到《周易》的逻辑的影响呢？

如前所述，源于西方的进化论给清末中国的知识层以巨大

---

① 佐藤慎一：《〈天演論〉以前の進化論——清末知識人の歴史意識をめぐっ
て》，《思想》792 号，1990 年，第 253 页。

的冲击。 然而，如果我们忽视了"变、通"观念对同时代的人们的有形或无形的影响，就很容易陷入所谓的"冲击—反应"论，即认为中国的变革动力源自于外部，只有在西方的外力冲击下才被动地对此回应而开始改变。 不可否认，抱着大国心态的清末士大夫们以"天朝"自居，缺乏向他者学习的心态；维持了二百年以上的长久的和平时代更是让他们生出惰性，比起变革更愿墨守传统。 但是，应该注意到，这种惰性绝非固有的。"冲击—反应"论者们忽视了讲求变易、变通的易学传统在人们心里所形成的世界观。 即使在巨大的惰性中，人们对时代状况的把握也绝非是静态的，同时，他们也不乏为对应新的情况所具有的心理准备。 变通的思想传统正是产生改革契机的内在原动力。

可以说，"变、通"的动态的世界观是人们进一步理解西方进化论的重要资源。 近代的进化论不仅仅是因为它为当时的弱肉强食的世界提供了有力的说明而被接受，它同时还鲜明地体现了易学中所包含的"变、通"动态，才能为人们积极地接纳。

二、 两种"自然法"

近代中国对西方的关心，首要在于如何引进西方立宪制度，因为在他们看来，法治乃富强之本。 在追求立宪的过程中，西方近代的法治常被与儒家的人治、德治，或是传统的法家的法治相比较，启蒙思想家们从近代法治观点出发，批判轻视法而只重视德治的儒家，同时也批判轻视道德而仅把法作为君王的统治工具的法家。 但是，无论儒家还是法家都是他们理解西方的重要思想资源，也是他们建构中国立宪制度的基础。

对这一问题的讨论，最具代表性的当数梁启超的《中国法理学发达史论》。 在书中，他第一次系统地对儒法诸家围绕法的思想进行了探讨，高度评价先秦管子将"法"与"道德"相结合的统治理念，试图通过儒家与法家的有机结合来实现适合中国的法治。 然而，迄今为止的研究却没有充分注意到在这篇论文中的梁启超关于"法"与"道德"相结合的主张是建立在对西方自然法思想的认识基础上的。 一般认为，没有接受近代西方的自然法是近代东亚国家的法思想的一个特征①，然而，在这篇论文中，梁启超显然是在西欧近代自然法的基础上讨论中国传统脉络中的自然法的。

自然法思想传统在西方的法治史中直到十九世纪始终占据核心地位。 在近代的立宪制中，法是被用来保障国民的权利和自由的，但同时它又是在国家权力的主导下由立法者制定的，因此，如何排除权力者的恣意以实现正义便成为重要课题。 而近代西方自然法思想的最大意义就在于，它被置于实定法之

---

① 国分典子:《近代東アジア世界と憲法思想》，东京：庆应义塾大学出版会，2012年，第4页。

上，成为赋予实定法正当性的根据，以此来对政治权力主导的实定法形成约束。因此，十七至十九世纪的近代自然法思想构成了西方近代立宪制的原理。

考察梁启超对近代立宪思想的接受时，需要结合以上自然法思想影响的背景。因为迄今为止，前述的法家的"道之以政，齐之以刑"与儒家的"道之以德，齐之以礼"的对比，亦即法与道德的关系问题很容易被简约成法家与儒家的关系问题，要么主张法家的"法治"与儒家的"德治"二者取一，要么主张二者的相互补充。但是，从梁启超的"法"与"道德"相结合的主张中可看出，对实定法具有超越性和规范性意义的西方近代自然法思想是梁启超的主张中不可忽视的重要前提。

若从这一角度重新审视儒家思想，两千年间作为统治意识形态的儒学所主张的诸价值是通过易的哲理化与"天""道"相连而获得超越性的。与西欧的自然法经历了从宇宙自然、神分离并独立出来的过程相比，中国的关于政治的讨论在终极上总是与"天"相关联。具有超越性的"天"通过非人格的"理"与"道"加以表现，宇宙和自然的摄理与道被认为是与人类社会相通的。人作为万物之灵长也是宇宙中的一部分，无逃于自然之摄理。"理"与"道"就像西欧的自然法那样作为普适性规范在规定人类社会的政治与法中发挥作用。而儒家所主张的诸价值借由易获得了超越性与普遍性，它作为统治意识形态，至少在理论上，即使是最高政治权力也不得不服从于儒家的诸价值。因为，它是政权的正当性（legitimacy）之源。假如用

"自然法"这一概念来表达的话，可以说，中国的自然法是由易被加以理论化的。

然而，近代以来，易的存在有意地或无意地被忽视。可以说，韦伯对此有很大影响。对于韦伯来说，易仅是一种巫术，与合理性是相对立的。正如他在《儒教与道教》的第六章第二节——"缺乏自然法与形式的法律逻辑"所显示的那样，对于韦伯来说，中国与西方相比，缺乏西方那样的自然法与形式上的法的逻辑。

首先，就形式上的法而言，借用韦伯的话来说，中国所重的是"实质上的正义"（例如"井田制"的理想），缺乏"形式上的法"的意识。换言之，就是缺乏法治的意识。实际上，这一问题也是近代中国知识分子共同需要面对的问题。中国并非无法，但是法只是被用来作为统治的工具，就这一点来说，韦伯的批判依然有效。但是，就前者即自然法而言，韦伯对易的理解是片面的。韦伯将儒家与道家相比较，他认为尽管儒家蔑视道教的纯粹巫术，但儒家自身对巫术世界的态度也是靠不住的。作为具体的例子，韦伯不指名地提到董仲舒，认为他的用意就在于"如果皇帝连预兆和前兆都不相信的话，那谁还能阻止皇帝做自己想做的事呢？"。也就是说，儒家尽管一方面攻击巫术；但一方面又试图运用巫术式的"预兆、前兆"这种"天人相与"的思想来限制君主的权力，儒家对巫术的态度因此也是靠不住的。

然而，在韦伯看来，儒家的主张中的这种矛盾，显然不能仅仅用"靠不住"来说明。实际上，韦伯所理解的易更多的是一种占卜。正因从这样一种认识出发，韦伯认为"这种中国式的'宇宙一体观'的哲学兼宇宙创成论将世界变成了一个巫术的园子"①，韦伯显然更多的只是从《周易》的经部去理解易，而没有注意到将易哲理化的传的部分，忽视了易中的"不占而已矣"（孔子）、"善为易者不占"（荀子）的性格。

结果，在韦伯看来，从巫术来理解灾异，并将它看作政府的无德和失政的结果时，那么纠正并使之回到正道上的方法就是"适应现世永恒的超越性的神的秩序，即'道'"，特别是"对世俗权力的固定秩序的充满敬畏的顺从"。②然而在易中，韦伯所说的对"道"的适从仅仅意味着对固定的秩序"充满敬畏的顺从"吗？回答显然是否定的，易中同时还讲，当政治偏离了"道"时，彻底推翻现有秩序，建立新的秩序的易姓革命才是顺天应人的。韦伯将中国的自然法片面地理解为一种单纯的顺从、敬畏自然的巫术，他自然看不到易中基于儒家诸价值的解释中所体现出来的人的"作为"性。儒家的诸价值通过《周易》获得的超越性，不应仅看到易中的巫术的一面，同时应看到易中所体现出来的人的"作为"性。梁启超通过以儒家的诸价值为首的思想传统来阐述中国的自然法思想，正是由

---

① ［德］马克斯·韦伯：《儒教と道教》，木全德雄译，东京：创文社，1971年，第329页。

② ［德］马克斯·韦伯：《儒教と道教》，木全德雄译，东京：创文社，1971年，第380页。

《周易》赋予了价值上的超越性。 前述梁启超认为传统的儒家强于法家，因为儒家的主张中不仅臣民，君主也同样负有义务，而法家只有靠君主的"自禁"，儒家政治中，君主是否具有义务并不仅仅取决于君主自身是否开明，有否善意，而是因为儒家包含的民本思想、易姓革命思想的政治价值理念通过中国的自然法获得了对现实政治和政治权力的超越性而对君主具有制约性。

　　同时，儒家的自然法不仅源自于《周易》中形而上的阴阳之道，同时还源自于人的善的本性，即"四端"："恻隐之心，仁也；羞恶之心，义也；恭敬之心，礼也；是非之心，智也。仁义礼智，非由外铄我也，我固有之也"。"心之所同然者何也？ 谓理也，义也"。（《孟子·告子上》）在梁启超看来，"四端""心之所同然"这种人类共通的本性就是人类社会的自然法，也可称为"性法"。 不同于西方逐渐由神性中独立发展出来的自然法的历史，中国的自然法自始就是与人所共有的善的本性相连的，即使是具有超越性的"天"，也是"天视自我民视，天听自我民听"，体现了浓重的"人"性。 儒家关于法的观念是以自然法为第一前提的。 这种受西方自然法启发，在中国"发现"的自然法思想是梁启超主张"法"与"道德"相结合的基础。 笔者将以梁启超的《中国法理学发达史论》为中心，探讨他是如何把握中国传统的自然法思想与近代法治的关系，并在此基础上思考近代中国的"法治"问题。

　　综上所述，儒家通过与《周易》结合，使其原先偏重于现实社会的道德伦理与政治的主张得以哲理化，"道"同时是与宇宙自然为一体的天理，儒家的价值观念也因此获得了对现实政治权力的超越性，作为意识形态而具有束缚和制约政治权力的一面。 在这个意义上，儒家的德治并非简单的人治，至少在理论上，作为天之子的天子，被要求接受包括易姓革命在内的儒家民本思想的约束，因为这些儒家价值是与天理相连的。 与《周易》相结合的儒家思想构成了中国的传统思维模式，也构成了历代关于政治讨论的最根本的政治哲学基础。 因此，考察近代知识分子如何建构近代中国的法治时，同样不能忽视他们在思考过程中的这一传统思想背景。

第二章

政治中的『通』的意识及其原理

如果说《周易》的"通、塞"论构成了传统中国议论政治的基本思维结构的话，"封建、郡县"论则是传统中关于政治制度讨论的基本架构。此处的"封建"指的是秦统一之前的分封制度，"郡县"则是指秦统一后所实行的中央集权政治体制。本章将以历史上关于"封建、郡县"的讨论和近代对议会的讨论为线索，概观中国历代关于政治的讨论中所显现的"通"的思想传统。

一、"封建、郡县"讨论中的"通"

（一）"政"与"制"之间——朱子与柳宗元

自秦改"封建"为"郡县"以来，郡县制就成为中国两千

年政治制度的基本架构。 其间封建制并未因制度的消失而被忘
却，反之，它作为理想政治的象征，是除郡县制之外的另一个
制度选择，也是历代被用来作为批判现实中郡县制下的政治的
理论武器。"封建、郡县"在中国传统中构成了关于政治制度
讨论的主轴，直到清末被关于立宪制度的讨论所替代而从舞台
上逐渐消失。"封建、郡县"的讨论所涉及的统治与权力分配
的问题可以说是政治的基本问题，这一问题意识一直延续至
今。 作为传统中国有关政治制度的基本框架，"封建、郡县"
论中清晰地体现了"通"的传统政治意识，以及与"通"密切
相关的"政"与"制"——即"通"的政治是由统治者的为政
（"政"）来实现，还是通过制度的保障（"制"）来实现——
这两种思维结构。

以下，本书将通过对历代的"封建、郡县"论及近代的立
宪论①来把握贯穿其中的中国政治制度传统中的"通"的
意识。

封建制与郡县制就其源头来说，前者作为体现了理想的
"三代"所实行过的遗制，比起秦以后所实行的郡县制有更高
的评价。 只是，即使它是"三代"的遗制，儒家的制度论无法
像价值论那样得到绝对的评价。 这是因为，现实中历代王朝的

---

① 相关研究可参见增渊龙夫《歴史家の同時代史の考察について》，岩波书店，
1983 年；黄东兰《近代中国の地方自治と明治日本》，汲古书院，2005 年；张
翔、园田英弘编《"封建"・"郡県"再考——東アジア社会体制論の深層》，
思文阁，2006 年。

兴衰更替，都是因为制度在运作中日显其弊，最终导致了王朝的衰亡，所以无论对何种制度都无法予以绝对的评价。例如朱子一方面说道："封建井田，乃圣王之制，公天下之法"①，另一方面，他又同意柳宗元对封建世袭制的批判，认为封建制最终导致"尾大不掉"②，无法控制的事实。因此朱子认为，即使是圣人之法也不免其弊。

朱子认为，谈治乱不能只论封建、郡县制度本身之良否，只要得人，无论何种制度都可以实现良治。但是，朱子的"治道"论并不因此就立即简单地回到士大夫的以"内圣"为目标的修身论，他从体现了"外王"的"治道"的角度正面讨论了"封建、郡县"论。

总的来说，朱子还是更为欣赏封建制，他一方面承认让封建制复活是不现实的，但另一方面认为，井田封建的部分恢复，具体地说，在乡一级恢复汉代的"乡亭侯"职位，平均田税等，是可能的。朱子认识到封建制的缺陷却依然欣赏它，主要是在于他对同时代的严峻的政治状况的认识："今上自朝廷，下至百司、庶府，外而州县，其法无一不弊，学校科举尤甚。……州县直是视民如禽兽，丰年犹多饥死者！"③

对于这种政治现实，朱子强调封建制的优点，其理由有三。

---

① 朱熹：《朱子语类》，〔宋〕黎靖德编，北京：中华书局1986年版，第2680页。
② 朱熹：《朱子语类》，〔宋〕黎靖德编，北京：中华书局1986年版，第2681页。
③ 朱熹：《朱子语类》，〔宋〕黎靖德编，北京：中华书局1986年版，第2683页。

首先，朱子认为封建制的好处，就在于君民之情相亲，可以久安而无患；不像郡县制那样，一两年就易主，来来去去，无长久之意，这样即使有贤人，也无法施行善政。朱子指的显然是郡县制下的官僚制中的回避制（官僚的任命须回避其出生地）与不久任制（原则上任期三年后须转任）给地方社会带来的不稳定。这些制度旨在防止出现唐代的地方割据状况，但其结果导致了官民间的阻隔，带来的后果就是官僚不作为，得过且过，以不生事为宗。其次，郡县制的确可以解决"尾大不掉"的难题，但它造成的后果是，由于州县之权太轻，一旦有盗贼发生等变故，就支撑不住。再次，中央因着力于对官僚的控制，使得法变得极为烦琐。人不能变通，造成阻塞。面对令人担忧的政治状况，朱子强调民心之重要："平易近民，为政之本"①。

朱子关于"封建、郡县"的讨论可以说显示了"通"的政治意识。对于朱子来说，"君民相亲""平易近民"，亦即通民心的政治乃是政治的根本。现实中郡县制下的官僚体制因其繁杂的控制和管理，使得官民关系被阻隔，造成了官的不作为与不能变通的"塞"的现状。基于这种认识，尽管朱子清楚地认识到封建制的缺陷，但依然通过强调封建制的优点，把其作为批判现实的武器。但是，在传统的"封建、郡县"这一框架中，朱子最终除了强调通过士大夫阶层的道德修养的"功夫"

---

① 朱熹：《朱子语类》，〔宋〕黎靖德编，北京：中华书局1986年版，第2689页。

来追求"内圣"之外，似无更好的选择。

"封建、郡县"的讨论并非自朱子始，对朱子有很大影响的北宋的张载的思想中也可以看到类似的讨论。张载所面临的社会政治现实状况可以说也与朱子相似，即为了避免唐代地方割据的局面，北宋加强了集权。在这种情况下，封建制作为批判现实中的郡县制的武器而被提起。张载提倡重《周礼》，恢复井田制与封建制。他批判评价秦代废除封建制的论调，认为那是不知圣人之意。这显然是不指名地批判唐代的柳宗元。张载说道："所以必要封建者，天下之事，分得简则治之精，不简则不精，故圣人必以天下分之于人，则事无不治者"①，认为封建制才是得圣人之意的。也就是说，如果像封建制那样实行分权，细分天下之事，必能治得精细。上述朱子的主张可以说与张载异曲同工。

由上可看出，随着中央集权所导致的弊病的增大，封建论便随之兴起成为批判现实的工具。反之，当地方的割据之势成为政治稳定的威胁时，强调郡县制的正当性也同样成为批判现实的手段。唐代柳宗元的《封建论》即体现了这一点。

柳宗元在其《封建论》中主张郡县制的正当性，而这篇文章正是在唐中期以后的藩镇割据政治背景中创作的。柳宗元在文中对封建制与郡县制的优劣从历史上进行了考察，他无疑强烈地意识到了各地割据的政治现实。

---

① 张载：《张载集》，北京：中华书局 1978 年版，第 251 页。

柳宗元的"封建、郡县"论同时还是关于"政"与"制"的讨论，他将周代的封建制与秦代郡县制下的政治相较，认为周政治失败的原因"失在于制，不在于政"，相反，秦的失败"失在于政，不在于制"①，严格地将"制"与"政"区别开来。此二者的区别，对于柳宗元来说十分重要。 本来，建立封建制的周公与建立郡县制的秦王，如果从"政"的角度来看，各自代表了理想的政治，对二者的评价有天壤之别。 但是，柳宗元却从"制"的视角逆转了这一评价，他断言道，"公天下之端自秦始"②，即是说，秦始皇所建的郡县制乃是公天下。 在柳宗元看来，秦始皇的失败不是制度的过失，而在于秦的暴政引起民怨。 相反，实行了易姓革命的商汤与周武王的封建制作为制度则是"私"的，封建制原非圣人之意，不过是因时势而成。因为"汤武革命"都是在诸侯的支持下获得成功的，所以他们不得不实行封建制。 在柳宗元看来，这种不得不实行的制度就不是"公"的制度，商汤与周武王借诸侯之力为己所用，为自己子孙所用，因此，是"私"的制度。 而相对于封建制，柳宗元认为郡县制的制度才是体现了"公"的制度。 在柳宗元看来，封建的世袭制无法保证治者常为贤者。 如周代那样，诸侯国的政治即使紊乱，因其乃世袭制，就无法更替其国的君主来改变政治。 但是，在郡县制下，被任命的官僚如果不合于

---

① 柳宗元:《柳宗元集》，北京：中华书局1979年版，第73页。
② 柳宗元:《柳宗元集》，北京：中华书局1979年版，第74页。

"道"与"法",就可以随时更替并能带来安定,所以作为制度体现了"公"。

柳宗元关于"制"的主张逆转了儒家关于商汤、周武王与秦始皇的评价,其背景无疑是出于对割据的政治状况的危惧。他通过对封建制最终导致"尾大不掉"状况的考察,得出了应该强化郡县制下的中央集权的结论。柳宗元的封建论提出了"政"与"制"这样一个新的讨论政治的架构而有别于后世的朱子等儒者。对"公天下"与得民心的追求可以说是儒者共同的政治目标,同时,实现公天下需要贤者的善治,这一点上柳宗元与朱子是相同的。但是,想要由贤明的治者实现"公"的政治,首要是由制度来保证其"公",还是通过治者的自我修身达到"内圣"来实现,在这一点上,柳宗元与朱子是不同的。

当然,单从这一点就试图在柳宗元的思想中找出某种现代性是牵强的。柳宗元论及的"制"在保障政治的安定性这一点上是具有合理性的,但是,"公天下"之制依然没能阻止秦朝的灭亡意味着柳宗元所说的"制"在暴政面前是无力的。因此,相对于朱子主张要实行良好的"政"首要在于"得人"的主张,柳宗元的"制"的逻辑没能形成有力的反论。可以说,尽管柳宗元重视"制"的主张构成了对封建世袭制的有力批判,但他并没有将对君权的限制纳入他对"制"的思考中。不过,在朱子学说确立后,从"内圣"到"外王"的理学方法占据了统治地位,相对于这种"人治"思维,柳宗元所提起的"政"

与"制"的架构越发显示出其重要意义。 这种思考方法不仅是对封建世袭制的有力批判,更为重要的是,其中还包含着比起重视由人实行的"政",更应重视规范性的"制"的思维。

封建制可实现"平易近民"的上下相通的政治,却又缺少保障其连续性和持久性的制度;郡县制作为"公天下"的制度,却又无法保障"公天下"的政治,传统的"封建、郡县"制的讨论提出了如何以"公天下"的制度来保障上下相通、"平易近民"的"公"的政治的持续性这一重要课题。 遗憾的是,柳宗元的讨论只是昙花一现,这一课题在之后儒家的德治政治传统中并未得到重视,一直到了近代,在西方立宪制的激发下,才从知识分子的潜意识中被重新调动起来。

(二)"独治"与"众治"——顾炎武

柳宗元以及朱子关于的"封建、郡县"的讨论在后代的延续,最著名的当数明末清初的顾炎武。 顾炎武是封建制的拥护者,但是他并没有否定郡县制,而是在郡县制的前提下评价封建制。 在《日知录》中,顾炎武认为:"封建之失,其专在下,郡县之失,其专在上"(《郡县论一》),分别指出了两种制度各自的弱点。 在现实中,由于郡县制所带来的弊端日益严重,他认为,若要"厚民生,强国势",必得"有圣人起,寓封建之意于郡县之中"。

顾炎武的封建论大致可总结为三点。

第一，通过县令的本土化与导入世袭制加强作为基层行政的县的治理体制。在顾炎武看来，郡县制之弊在于君主专权，"人人而疑之，事事而制之，科条文簿日多于一日，而又设之监司，设之督抚"。在这种旨在掣肘的官僚体制下，官僚们"凛凛焉救过之不给"，遑论为民兴利。结果导致"官无定守，民无定奉"，无法抵御盗贼侵入。

顾炎武显然与朱子同样认识到官僚任用体制的回避制与不久任制所带来的问题。这些制度本是为了防止官僚在任地培植自己的势力，阳奉阴违，对抗中央。但在顾炎武看来，如此一来，地方官就无法在任地履行他们应尽的职责，所以他主张必须在县一层上实行官僚的本地化。同时，为了防止胥吏——他们并非官僚却作为官僚的抓手直接与民众接触——的跋扈，应该授县令以实权，不仅如此，还应该任用本地出身者，并且经由评定还可以终身任职和世袭。在顾炎武看来，"天下之尤急者，守令亲民之官，而今日之尤无权者，莫过于守令。守令无权，而民之疾苦不闻于上"（《日知录·守令》）。也就是说，通过强化本地化了的"亲民之官"的权力来消除"上、下"间的隔阂。可以说，顾炎武的问题意识与主张基本上是在前述朱子的延长线上的。在他看来，天子若能分权于基层行政的县令，使县令各自"私其百里之地"，成为百姓的父母官，天下必治。

第二，在县以下的地域社会的行政中，更多地任用当地人，如汉代那样，在乡亭（县以下的行政单位，一乡相当于一万户,一乡分为十亭)设立掌管教化的"三老",管理司法、税务的"啬夫",以及维护治安的"游徼"等职位,在基层社会实行细密的政治。 他认为:"小官多者其世盛,大官多者其世衰"(《日知录·乡亭之职》)。 可以看出,他的主张与朱子相通,同时也与张载主张的"分得简则治之精,不简则不精"相契合。

第三,强化宗法社会的自治。 顾炎武的分权论不仅停留在官僚与行政的层面上,他还主张"天下之宗子各治其族,以辅人君之治"(《日知录·爱百姓故刑罚中》),强调以宗法社会为基础的自治。 事实上,前述"乡亭之职"原本就是以宗法社会为基础的。

顾炎武的封建论是在他的"独治"与"众治"的政治观的基础上展开的。 他认为,"人君之于天下,不能以独治也。 独治之而刑繁矣,众治之而刑措矣",执有大权的天子应"以天下之权,寄之于天下之人",将权分予百官,在基层社会,县令也同样要分权,设众多职位并活用宗法资源来实行"众治",以达到大治。 总之,顾炎武的主张是,强化基层社会的行政系统,动员基层社会中有名望、有影响的人,以及宗法与家的传统权威等社会资源来治天下。 通过基层社会实施精细之治,实现从宗法社会到天子的一体化,上下相通,达到有效的政治统治。

由以上张载、朱子、柳宗元以及顾炎武等人的讨论可知,在接受近代西方的立宪制度之前,"封建、郡县"论构成了中

国政治制度讨论的基轴。 往往根据不同的政治现实状况，褒
扬其中一方以贬抑另一方的弊端。 同时，二者之间并不一定
互相排斥，也可以形成互补关系。 并且，从他们的主张中可
以看出，针对郡县制和封建制的评价或改革论，都是以
"通"，即政治是否实现了"上下相通"和"君民相亲"这一
标准来衡量的。

到了清末，知识分子们开始接受与"封建、郡县"本质不
同的西方立宪制度，关于政治制度的讨论也因此迎来了新的局
面。 但实际上，知识分子们的评价标准却延续了下来。 我们
可以通过对清末的知识分子关于西方立宪制度的讨论与传统的
"封建、郡县"论两者间的交错考察，观察到知识分子们对以
国会为象征的立宪政治的理解方式及其特征。

二、《周易》——"通"的哲理化与权威化

由以上传统的"封建、郡县"论的政治讨论可看出，如何
消除上下、君民间的隔阂，实现君民相亲、上下相通的政治的
"通"的意识始终贯穿其间。 而中国政治传统中的"通"的意
识作为人们思考讨论政治的一个原型，实有其政治哲学的基
础。 这一点，可以经由《周易》对"通"的阐述看出。

儒家对易的解释自孔子起。 对于孔子来说，易的作用在于

提高人的道德境界，而不在于卜问吉凶祸福[1]，特别是易的意义在于它的教育机能。荀子说："善为易者不占"（《荀子·大略》），也正是遵循了孔子之言。当然，易的意义不仅停留在其道德教育的功能上，更重要的是它为人们提供了世界观与价值观上的说明。首先，天道、自然与人间世界是一致的，同时，万物总是按照一定的法则变易与转化，易为此提供了根据。而作为万物中的一部分，人类的政治社会的原理同样也是以《周易》的世界观为根据的。

（一）易——变易的法则

作为儒家经典之一的《周易》，由《经》与《传》两部分构成。经部又由卦形、卦名与卦辞、爻辞组成。对于周代的人们来说，这是一本占术之书。但是，使《周易》不仅仅停留在占卜内容上的在于传的部分。传是后世的人们各从其立场出发对经的意思进行解释的内容，包括彖上、彖下、象上、象下、文言、系辞上、系辞下、说卦、序卦、杂卦等十篇，所以也称为十翼。由经和传构成的《周易》，据传是上古的伏羲画八卦，中古的文王作卦辞、爻辞，近古的孔子作十翼而成

---

[1] 朱伯崑：《易学哲学史》，北京：昆仑出版社 2009 年版，第 35 页。

的。① 易终成儒家经典之一，又在汉代成为五经之首，获得"经书中的经书"的地位。

不过，据研究，现在一般认为《周易》并非一气呵成的著作，亦非孔子一人所著，它是儒家集道家、阴阳家等各家的解释而逐渐形成的，大致是在汉初到汉成帝时期逐渐形成的。《周易》的经是用于占卜的典籍，而传则通过儒者们的注释而被哲理化。儒家的教义在于倡导现实世界中的人与社会的道德和政治，原本在存在论方面并不在行，通过对易的注释，易起到了构筑儒学体系的理论基础的作用。最具象征意义的是孔子之言："五十以学易，可以无大过矣"（《论语·述而》）。他在强调学易的意义的同时，又说"不占而已矣"（《论语·子路》）。孔子学易，但不占卜。顾炎武对此评道："圣人之所以学易者，不过庸言庸行之间，而不在乎图书象数也"②。

《周易》以阴阳之间的变易来形成世界观。"易有太极，是生两仪，两仪生四象，四象生八卦"（《周易·系辞》）。作为宇宙根源的太极分化为阴与阳的两仪，宇宙万物都是由阳与阴的组合而成。阴阳表现了一切事物的现象及其作用的两种属性。一切事物或阴或阳，在无休止地进行变化作用的同时，其

---

① 例如，梁启超认为，易总结了孔子的哲学理论，孔子晚年研究易，著彖传、象传、系辞传、文言传，并认为："易经成为一种有系统的哲学自孔子始"。参见梁启超《饮冰室合集·专集36》，中华书局1989年版，第27页。

② 〔明〕顾炎武：《日知录校释》，张京华校释，长沙：岳麓书社2011年版，第43—44页。

变化之中又藏着不易的法则。 阴与阳的二爻是易的基本观念。
两种爻重叠成三，形成卦。 其重叠方式共分八种，因称之八
卦。 八卦再重叠成六爻，以相同原理交叠成六十四卦。 易就
是以这些卦与爻的动态的变易、变通来表现宇宙自然与人生的
一切的道，为万物提供了说明。"一阴一阳之谓道"（《周易·
系辞》）是易的基本原理和最高原则。 阴与阳表现了常存于万
物中的相对立的两面，这一相互对立的两面同时不绝地变通。
日月寒暑的推移、人类行动的屈伸、境遇的穷之时与通之时、
君子与小人之间的消长等都可以用阴阳间的动态的变通来
说明。

对于阴阳变易的法则，朱伯崑进一步将它分为以下四个
特征。

第一，"刚柔相推而生变化"（《周易·系辞》）。 爻用来
说明事物的运动和变化，爻象中的刚与柔相推移，便有了卦象
和爻象的变化。 刚柔两种性质间的推移表象为得失、忧虞、进
退、昼夜的更替。

第二，"天地盈虚，与时消息"（《周易·彖》）。 事物有消
息盈虚的变化过程，人类活动也要因时而行，不能违背这一趋
势。 这种变化同时也是一个反复的变动过程。 需要注意的
是，往复循环指的是盈虚消长的循环，而不是意味着事物变化
回到原来的状态，世上没有永恒不变的东西。 同时，在反复的
变动过程中，当事物发展达到顶点时会反转。 而认识这一法则
是君子的任务。"知进退存亡而不失其正者，其唯圣人乎"

（《周易·文言》）。 只有圣人能够认识法则，保持正确行动，而圣人的正确行动又以"变通"来说明。 "变"即变易，"通"指的是爻象的变化推移融通无碍，即"往来不穷谓之通"（《周易·系辞》）。 知悉反复的变易法则的圣人"变而通之以尽利"（《周易·系辞》），"易穷则变，变则通，通则久"（《周易·系辞》）。 知变易的法则，改变现状，实现"通"的理想。 这也正是《周易》总被提倡变法改革的人们所提起的原因。

与变通相关联的"时中"也十分重要。 在易里，"中""中正"状态是事物的最佳状态。 但是，"中"与"中正"的状态需要考虑时间推移与变化的因素。 "执中无权，犹执一也"（《孟子·尽心上》）。 所谓"执中无权"，指的是拘泥于固守中道，却不能通权达变。 孟子批判这种教条式的、固守一种格式的"执一"偏离了真正的道。

第三，"天地交而万物通"（《周易·彖》）。 阴阳、柔刚相互对立又互相推移，在推移过程之中既互相排斥又相吸引。 例如将革命正当化的"革"字卦："天地革而四时成。 汤武革命，顺乎天而应乎人。"（《周易·彖》）正体现了这一点。 革卦原象征着水火相息的对立，对立和相斥带来变易之势，"革而信之"，只要是能让人信服，就像寒暑这一相对立相排斥的两要素之间的相互推移形成四季一样，革暴君的命的商汤与周武王也是顺天应人的。

第四，"通变之谓事，阴阳不测之谓神"（《周易·系辞》）是阴阳变易的另一个特征。 一方面，阴阳、柔刚间的推移与变通具有一定的法则，人们应该循此而行动。如豫卦中说道："豫，刚应而志行，顺以动，豫……天地以顺动，故日月不过而四时不忒。圣人以顺动，则刑罚清而民服。豫之时，义大矣哉"（《彖·豫》）。顺即顺应，刚得到柔的应和，符合正道，意味着顺其规则而行动。圣人也正是顺应法则而行动，刑罚得当，所以人民才信服，所谓义大者也。

另一方面，易又认为，易的爻象变化无一定规则，"阴阳不测谓之神"（《系辞》），即阴阳的变化是难测的。这种变化的偶然性被称为"神"。易原先就包含"人谋"与"鬼谋"两方面，事物之变化有其法则和规律，同时又具有神妙莫测的一面，并非都可以预料到，既具必然性又具偶然性。

总之，易以阴阳二者之间的对立、推移、变通、反复和相斥相交的动态来说明万物的变化和相互作用，而关键就在于解读其间的法则，顺应变通，以达到"中正"的理想状态。

（二）"泰、否"——"通"的政治哲学

《周易》中的"泰、否"是六十四卦中的一对卦，而"通"与"塞"则是用来解释"泰卦"和"否卦"的。

"泰，小往大来，吉亨"，《周易·彖》的解释是"天地交而万物通也，上下交而其志同也"。相反，"否"则是"否之匪人，不利君子贞。大往小来"，《周易·彖》的解释则是"天地不交而万物不通也，上下不交而天下无邦也"。

在这里天地自然与政治社会中的上下、君臣关系直接联系起来，上下、君臣间的相通相交与否和天地、万物间的"交通"与否是一致的。

而且，阴阳不仅是万物生成的原理，也是交替的原理。阴阳论既是说明万物生成的原理，同时又是说明对立的事物如昼夜、寒暑交替般相互交替、相互呈现这样一种现象的原理。阳至极则转阴，阴至极则转阳，由于这种循环交替，"阴"和"阳"不可能是固定的，而是流动并充满生机的。

山田庆儿认为："中国的自然学的前提就是以不断生成万物的'生生'造化之功用为气之本质，我们也可将气定义为构成造化之功用的基础性存在"。[①] 阴阳原本指的就是气，清·轻·阳之气上升，而浊·重·阴之气下降，二者相交则生成万物。

有意思的是，表现"天·乾·阳·刚"的阳爻（—）与表现"地·坤·阴·柔"的阴爻（– –）所组合而成的八卦中，"泰爻"是三个"阳爻"组成的"乾"（☰）在下，三个"阴爻"组成的"坤"（☷）在上面，在这个状态下，向上的"天·乾·阳·刚"之气和向下的"地·坤·阴·柔"之气相交相通。而"否卦"虽然也由"乾"卦与"坤"卦组成，但与"泰卦"正相反，"乾"在上而"坤"在下，因此气的方向正好相背而无法相交。

---

① 山田庆儿：《朱子の自然学》，东京：岩波书店，1978 年，第 351 页。

在"天人感应"观念里，将上述图示对应到政治社会中，即当尊贵的君主处于"下"位而臣子处于"上"位时，才能够实现"君推诚以任下、臣尽诚以事君、上下之志通、朝廷之泰也"①；相反当君臣关系原封不动地以"上·下"秩序固定下来的话，则二者不能相交，即为"否"。

在《周易》中，"太极"所生的"阳·阴"各自对应着"乾·坤"（＝"天·地"＝"上·下"）而创造出秩序，但这种"上·下"秩序不是固定的，它是基于交替原理的。在这里最重要的是相交、相通的和谐状态。"交""通"所带来的和谐在自然界意味着寒暑、四季的循环与调和；在人体上催生了"通则不痛，痛则不通"的中医观念；在道德上即提倡"中庸""中节"；而在政治社会里则以"政通人和"为理想。因此，我们可以说基于"通"的中节、调和构成了中国传统自然法思想的核心。

梁启超认为《周易》里有关政治思想的内容很少，民本思想的源头在《尚书》中。确实《周易》中有关政治社会的部分很少，其中所讲的民本思想也不多，但是民本思想在《周易》中属于宇宙万物之理的一个部分，这个定位本身就具有重要的意义。因为对天、地、人等宇宙万物给予说明的《周易》，将包含易性革命在内的民本思想作为与天地一样的自然之理予以

---

① 〔宋〕程颢、程颐：《二程集》，王孝鱼点校，北京：中华书局 2004 年版，第 753 页。

正当化和体系化。 也就是说，在《周易》里，君臣间的上下、尊卑关系是先验性的，它一方面确实起到了将政治上的家长制正当化的作用。 而另一方面，以易姓革命为首的民本思想同样也是先验性的，是天地之自然，因此也具有先验的正当性。 在这种传统的自然法思想中，上下关系绝非单向的，它在相交、交替中被相对化，而一般被认为是"下克上"的易姓革命则由于体现了这种交替原理而得以被正当化，这也正是"天—君—民—天"的循环得以成立的原因。

以易姓革命为首的民本思想赋予了打倒"无道"君主的行为以正当性，而赋予易姓革命等民本思想以正当性的，正是《周易》。 在此意义上，《周易》同时也是一部体现了中国传统政治哲学的经典。 事实上，传统的政治哲学中的"通"的意识不仅贯穿了围绕"封建、郡县"的政治讨论，下一章中，我们可以看到它在近代取代了"封建、郡县"架构的关于议会政治的讨论中也同样得到了继承。

第三章

『制约』与『调和』的思想和制度

政治就其本质来讲，就是关于权力的问题。一方面，维护政治社会的秩序与实现社会和谐需要权力，另一方面，不受制约的权力必然导致滥用与腐败。如何让权力发挥其公共性的作用，同时防止它被滥用，这是东西方共通的政治课题，而围绕这一普适性课题，东西方各有其不同的思想和制度的传统。

一、"制约"与"调和"——孟德斯鸠与伯伦知理

一七八九年颁布的法国《人权宣言》第十六条中写道，"凡个人权利无切实保障和分权未确立的社会，就不拥有宪法"，分权与权利保障为立宪和近代意义上的宪法提供了古典

定义①。 分权论出于对权力以及行使权力之人和机构的警戒，是为了防止权力的滥用而创造出来的组织原理，而从制度上最能体现这一原理的就是议会。 作为限制君主权力的机构而形成并发展起来的议会，现在依然是象征分权原理的核心机构，具有保障个人权利不受政治权力侵犯的"消极性"的特点。

最早将分权制衡论作为严格的政治组织原理提出的是孟德斯鸠。 孟德斯鸠认为，"所有拥有权力的人，都倾向于滥用权力，而且不用到极限决不罢休"②。 为了保护人们的政治自由不受国家权力的侵害，孟德斯鸠主张权力的分离，认为必须让各自独立的机构来分担权力，所有的国家体制和宪法都要服务于保障人的自由这一目标。 孟德斯鸠之前，英国自由主义思想的鼻祖洛克在提出社会契约论时，考虑到为了保护个人的自然

---

① 西方宪法所体现的是制约权力的分权与对个人权利的保障这两方面，本书将集中讨论前者，即如何通过法治有效地制约权力。 关于后者的保障个人权利（right）的问题，既有的许多研究指出传统的中国法是自上而下维持政治秩序的手段，而相对于此，西方的法则是在于规定对等立场上的人与人之间的关系，保护个人权利。 例如，梁治平就谈道："权利、自由、正义，这些观念在中国古代社会是陌生的，当然更谈不上以法律来保护它们的实现。 法，刑也"。 参见梁治平《法律的文化解释》，生活·读书·新知三联书店1994年版，第385页。 从现代的观点来看，传统法观念中存在的这种趋势是不可否认的。 但同时，正如本书序章对"灋"字的考察可以看出，在中国的法传统中法的本义并非只意味着刑，并且，在中国的理道中亦有与西方的自由相似的价值，那就是恕、絜矩之道；能自由必能自治起，能自治必能恕，能用絜矩之道（参见王庆成、叶文心、林载爵主编《严复合集1》，财团法人辜公亮文教基金会1998年版）。 这意味着东西方的政治与法因其文化上的差异，在制度和政治构想过程中存在着不同的路径，对这一点需要另著文探讨。

② 孟德斯鸠：《论法的精神·上卷》，许明龙译，北京：商务印书馆2012年版第185页。

权利，就已主张应该避免权力的集中，他提出有必要将政治权力分割为立法权与行政权。而孟德斯鸠则在洛克的权力分立论的基础上提出了三权分立论。他认为权力不仅需要分立，还应该以权力限制权力，实行权力之间的相互制衡。自孟德斯鸠之后，三权分立制度被作为限制政体的原理而被定式化。可以说，权力的分立与相互制衡的智慧均是出于对滥用政治权力的警戒，是为了限制权力而构思出来的。

相对于以上这种重视制约权力的观点，也有重视权力间的调和的观点。卡尔·施米特（Carl Schmitt）认为，十九世纪德国的自由主义是从"均衡"的"机械论观点"发展到"有机体媒介学说"的一个过程，以伯伦知理为代表。在施米特看来，德国的自由主义思想通过与"德国特有的'有机体'思想结合，克服了孟德斯鸠式的均衡的机械论观点。而另一方面，同样得益于有机体思想的帮助，议会主义的理念也得以保持下来"。[①] 也就是说，有机体论一方面与原子论、机械论观点相对峙，另一方面又继续保持了立宪主义的理念。在伯伦知理的思想中，与克服"机械论观点"相应的是他的反自然法、反国民主权的保守主义，而与坚持"议会主义"理念相应的是他的反君主主权的自由主义。

对于伯伦知理来说，国家是一个有机的整体，构成国家的

① ［德］卡尔·施米特：《现代议会主义の精神史的地位》，稻叶素之译，东京：みすず书房，2000年，第64页。

各个要素并不是机械性的机器的一部分，而是像构成身体的各
个部分一样相互之间有机地进行调和。[①] 他认为"国家乃一道
德有机体，故绝非冷冰冰的逻辑的产物，其法亦决非思辨性的
原理之集合"。[②] 伯伦知理站在国家有机体论的立场上，对
"倾向于哲学方法"[③]的孟德斯鸠的法理论提出了批判，并从
有机体论的角度把握国会，认为"议会的各个构成部分离开其
他部分就不具有制法的权威与力量。 只有在各部分相结合成为
一体时，即作为不可分割的统一的国家机关时，才拥有立
法权"[④]。

伯伦知理认为，作为有机体的国家建立在包括君主、议会
在内的各个机构（organ）间相互调和的基础上，而议会和各权

[①] 关于伯伦知理学说的研究，可参见安世舟《明治初期におけるドイツ国家思想
の受容に関する一考察——ブルンチュリと加藤弘之を中心として》，《年报政
治学・日本における西欧政治思想》，岩波书店，1975 年；山田央子《ブルン
チュリと近代日本政治思想——"国民"観念の成立とその受容（上・下）》，
《东京都立大学法学会杂志》第三十二卷第二号、三十三卷第一号，1991、
1992 年。

[②] 西村克彦：《ブルンチュリ『国法汎論』（Allgemeines Staatsrecht）新訳：加藤弘
之訳から一世紀を経て》，《青山法学论集》17（1），1975 年，第 126 页。 另
参见伯伦知理《国法总论》首卷（明治文化全集补卷・二），加藤弘之、平田东
助译，日本评论社，1971 年，第 23 页。

[③] 西村克彦：《ブルンチュリ『国法汎論』（Allgemeines Staatsrecht）新訳：加藤弘
之訳から一世紀を経て》，《青山法学论集》17（1），1975 年，第 130 页。

[④] 西村克彦：《ブルンチュリ『国法汎論』（Allgemeines Staatsrecht）新訳：加藤弘
之訳から一世紀を経て》，《青山法学论集》17（1），1975 年，第 107 页。 此
处加藤弘之的翻译为："巴力门各部决非独立拥有制法权者，君主两院相合，协
力同心，共为一体，始得此权"，参见伯伦知理《国法总论》首卷（明治文化全
集补卷・二），加藤弘之、平田东助译，日本评论社，1971 年，第 16 页。

力之间"协力同心,共为一体"。 如果说孟德斯鸠主张的是通过制约权力以及权力间的相互牵制来保持均衡,那么伯伦知理强调的则是权力间的调和。

对权力进行制约和权力间的调和二者看似相互矛盾,但实际上并非如此。 孟德斯鸠主张三权分立和权力间的相互牵制,但同时又说"这三种权力①本应形成一种静止或无为状态,但是在事物的必然运动的推动下,他们不得不前进,而且是一同前进"②,由此可见,孟德斯鸠所构想的是将权力分散到身份制社会里各种身份的人手中,只有相互配合,权力才能得以行使,其目的也是为了调和各种身份之间的利益。 另一方面,伯伦知理的国家有机体论无疑也是以立宪主义的有限政体为前提的,因此,从这个意义上说,制约、牵制与调和未必就不能兼顾。 只是,迄今为止,由于人们强烈意识到"自由"与"权力"间的紧张关系,因此更多强调制约和牵制权力才是立宪政治的本质,而调和则往往被理解为缺乏与权力间的"紧张"感,从而被当作一个负面的消极的因素。

但是,施米特敏锐地指出,近代议会主义的危机在于由"意见斗争"堕落到了"利害斗争",议会主义的本质原本是建

---

① 这里指构成立法部门的代表贵族集团的"贵族院"、代表人民的集团的民选"众议院"和掌握执政权的君主。
② 〔法〕孟德斯鸠:《论法的精神·上卷》,许明龙译,北京:商务印书馆2012年版,第194页。

立在讨论基础上的政治,而讨论指的是"以合理的主张阐述自己的意见所具有的真理性和正当性,以说服对手让对方信服"。 也正因为如此,自己也必须"做好被对方说服的心理准备"。① 这就是说,讨论、说服过程中的意见碰撞是为了阐明意见所具有的真理性和正当性,对立与争论最终是以一致和"调和"为目标的。 从这个意义上我们或许可以说,权力的制约、牵制本身并不是目的,相反,经由讨论后的分立多元的"力"之间的"调和"才是真正的目的。

二、 中国政治传统中的"制约"与"调和"

以上所述近代立宪主义中的"制约"与"调和",是我们考察近代中国对立宪政治接受时的两个关键词。 因为,近代中国知识分子的立宪政治观也同样具有"制约"与"调和"这样对比鲜明的特点,它一方面受近代西欧的影响,同时又有其自身构建和展开的逻辑。 制约政治权力的思想在中国并不始于近代对西方近代立宪制的接受,如何限制君权这一重要政治课题,

① [德]卡尔·施米特:《现代议会主义の精神史的地位》。 另外,施米特认为,只有当人们正确认识到这种"讨论"应有的核心地位,自由主义式合理主义最具特色的两大政治要求——公开性与分权——才具有正当的意义,才可以提高到了科学明晰性的高度(参见该书第49页)。

自古就不乏对其的思索；同时，政治社会的和谐状态的实现，首先就具体体现为"上下一心"的"通"的政治意识。 以下将就此两方面进行讨论。

（一） 制约君权的思想——董仲舒与黄宗羲

事实上，中国自古以来从未中断过对限制权力这一课题的思考。 首先应当提到的就是儒家思想中的"天"的概念。 超越性的"天"是君主（天子）的政治正当性的保障。 但是，儒家的"天"的超越性并不像西欧那样源自于神。 孟子援引"天视自我民视，天听自我民听"（《尚书·太誓》）就是主张天子所遵从的"天"是源自于民意的。 换言之，就是君主必须担负起对民众的义务，若非如此，人民就拥有抵抗权，可以对暴君实施易姓革命。

其次，作为"内圣外王"之学的宋代道学，在余英时看来，道学以"内圣"为特征，但是其终极目的不在于让人人成为圣贤，而是重建合理的人间秩序的"外王"之学。① 朱子将上古的"三代"之治树立为"道统"，其目的就是在于"致君行道"②，迫使同时代的君主追求理想的"三代"之治所体现

---

① 余英时：《朱熹的历史世界——宋代士大夫政治文化的研究》，北京：生活·读书·新知三联书店 2011 年版，第 118 页。
② 余英时：《朱熹的历史世界——宋代士大夫政治文化的研究》，北京：生活·读书·新知三联书店 2011 年版，第 27 页。

的"道"。

因此,梁启超在比较了儒家与法家之后,才会说若以西方的权利义务的规范来衡量的话,法家中的君主只讲权利,不讲义务;儒家中的君主则在讲权利的同时,也负有义务①。 既然君主的正当性是以儒家意识形态为基础的,那么就不得不受到儒家民本主义理念的约束。

民本思想的理念在各个时代中以各种不同的形态被用以制约君权,在此试以董仲舒与黄宗羲为例加以说明。

1. 限制君权的"天人相与"说

在汉代,罢黜百家、独尊儒术确定了儒学作为体制意识形态地位。 董仲舒因此得以利用儒家民本思想来构建限制君权装置。 董仲舒还利用易经中的阴阳交替的原理将自然与政治社会直接挂钩,创造出一套"天人合一"的理论来限制君权。

在《春秋繁露》中,董仲舒从儒家民本思想的立场出发,展开论述了其独特的"天人相与"的政治思想。 据他的解释,"王"字正如其字形,横的三画代表着天、地、人,中间的竖意味着贯通天地人三者,王正是贯通天地人三者的存在。董仲舒说道:"王者,天之所予也;其所伐,皆天之所夺也",

---

① 梁启超:《饮冰室合集·文集7》,北京:中华书局1989年版,第55页。

君主的正当性是由天所予的。 而君主是否具有正当性则是看其是否安民乐民："天之生民，非为王也；而天立王，以为民也。 故其德足以安乐民者，天予之，其恶足以贼害民者，天夺之"（《春秋繁露·尧舜不擅移汤武不专杀》）。

但是，同是民本思想，董仲舒的主张与先秦时代的民本思想却有很大不同。 先秦的孟子强调"天"的意志是"民意"的体现，而在董仲舒的主张中，作为君主的正当性源泉的"天"的意志不是通过"民意"，而是通过"灾异"来体现的。

董仲舒说道："天人一也。 ……与天同者大治，与天异者大乱"（《春秋繁露·阴阳义》），将阴阳思想与人间社会直接联系起来。 同时，在他看来，"天地之常，一阴一阳。 阳者，天之德也，阴者，天之刑也"（《春秋繁露·阴阳义》），"夫德莫大于和，而道莫重于中。 中者，天地之美达理也，圣人之所保守也"，"是故能以中和理天下者，其德大盛"（《春秋繁露·循天之道》），阴阳达到均衡状态的"中"与"和"乃是理想状态，相反，自然的灾异则是"天"对政治社会混乱的惩罚，意味着对君主的警告乃至对其正当性的否定。 董仲舒以自然的灾异来体现天的意志，试图以此牵制君主的权力，在他的时代，面对君主的强权，天灾可以说是唯一可以限制君主的有效因素。

当然，从近代的眼光看来，这种迷信式的牵强附会的解释将先秦儒家思想中具体地体现为民意的"天"加以抽象化和神秘化,可以说是一种后退。① 因为,孟子思想中"民视、民听"所代表的"民意"是直接体现绝对的"天意"的,而董仲舒所主张的天意却被自然灾异所替代,意味着董仲舒的民本思想中的"民"的要素的后退。

然而,如果换一个视角来看,"民视、民听"所代表的"民意"究竟由谁来代表并没有一个清晰的衡量标准,因此它往往会被胜者作为自我正当化的理由②。 相对于此,作为抽象的天的意志具象,自然灾异却是十分明确易懂的。 在董仲舒的时代,天灾对于君主来说具有绝对的"天之刑"的约束力,比起无告之民,通过自然灾害所表现出来的"天"之怒,对天子显然更具有效力。 因此,从制约政治权力的有效性来说,董仲舒的主张反倒比从理念的角度强调君主应具有的德行和道义用以

---

① 梁启超一方面认为,董仲舒的《春秋繁露》中包含着许多精深的哲理,另一方面又批判他的理论深受阴阳家的影响,这使董仲舒成为"二千年来的迷信的大本营"(参见梁启超《饮冰室合集·文集36》,中华书局1989年版,第47页),他必须负起为阴阳五行开道的罪责。 同时,梁启超又将作为"迷信"的阴阳五行与孔子对《周易》的研究严格区分开来。 在梁启超看来,从孔子的哲学来看,宇宙中有两种力,"阴阳""刚柔""动静""消息"等都是这两种力的表象,"不过是孔子'二元哲学'中的一种记号而已"(参见梁启超《饮冰室合集·文集36》,中华书局1989年版,第52页)。

② 例如,前文将涉及的柳宗元在其《封建论》中批评汤、武革命所建立起的封建制非公乃私,日本的近代启蒙思想家加藤弘之也指出,汤、武革命并不合于"理",乃是一种篡夺。 参见《加藤弘之文书》,上田胜美等编,同朋舍,1990年,第382页。 正因为民意没有一个清晰的衡量标准(如选举等),所以柳宗元与加藤弘之的主张也自然是合理的。

约束君主的孟子更具有现实的操作性。①

董仲舒的"天人相与"说，从政治上利用神秘的阴阳思想赋予了儒家制约君权的思想以一定的效力。有人评价董仲舒的"灾异"之说是"直接以君主的权力为对象而设定的，从这一点上来说，起到了类似于后世的宪法的作用"②。这一评价令人想起韦伯的"巫术的信仰是中国分配统治权力的宪法基础的一部分"③的论断。当然，如何评价董仲舒的方法并非本书的目的，笔者在此要指出的是，董仲舒不仅认识到制约君权的必要性，同时还在现实的政治中构思出具体的方法。在他的思考中，作为《周易》的根本的阴阳思想被作为牵制君主强权的重要思想资源。

2.《周易》与《明夷待访录》

明末清初的思想家黄宗羲则将儒家的民本思想推进了一大步。被梁启超称为"中国的卢梭"的黄宗羲同样以儒家民本思

---

① 相反，池田知久则认为："战国末期到汉初的诸子百家的诸多政治思想中的天、道所起的作用，是朝着强化君权的方向而非对此进行抑制的"，同样，董仲舒主张中的"天"的作用也是"在强化天子权力的同时……将天子的统治导向自己的儒家（春秋公羊学）的方向"。（参见沟口雄三、池田知久、小岛毅《中国思想史》，东京大学出版会，2007年，第17页。）笔者认为尽管"天"确有其强化君权的一面，但是，董仲舒对君权的肯定是以"王道"（《春秋繁露·王道》）为前提的，因此，同样不可否认董仲舒的"灾异"说中具有的牵制君权的一面。

② 重泽俊郎：《周汉思想研究》，东京：弘文堂书房，1943年，第191页。

③ ［德］马克斯·韦伯：《儒教と道教》，木全德雄译，东京：创文社，1971年，第330页。

想和《周易》为背景，却不借由神秘的"灾异"说，甚至不用借由具有超越性的天，完全是从现实政治社会的制度层面上展开他的民本思想。《明夷待访录》中的黄宗羲的主张可以说是以儒家思想史中前所未有的激进方式提出的。

在谈到君主时，黄宗羲以极其激烈的言辞批判君主，他说道："然则为天下之大害者，君而已矣。向使无君，人各得自私也，人各得自利也"（《明夷待访录·原君》）。在谈到臣下时，他说道："故我之出而仕也，为天下，非为君也；为万民，非为一姓也"（《明夷待访录·原臣》）。在黄宗羲看来，通过易姓革命推翻暴君的周武王是圣人，而主张易姓革命的正当性的孟子之言乃是圣人之言。但是，易姓革命毕竟是抵抗暴政的非常手段。为了使限制君权成为常态，黄宗羲提出了他的分权法。他认为，"天下不能一人而治，则设官以治之；是官者，分身之君也"（《明夷待访录·置相》）。此处的"官"者，首先意味着宰相。通过宰相的摄政可以将天子的权力相对化。不仅如此，天子之位世袭，而宰相传贤，废除了保障贤明的宰相制度后，就再也没有限制和修正不贤的君主的权力了。

在选贤制度被废止已久的情况下，黄宗羲进一步构想了"学校"制度。他主张"必使治天下之具皆出于学校"（《明夷待访录·学校》），黄宗羲所主张的学校制度被赋予了限制和监督君主权力的功能，"天子之所是未必是，天子之所非未必非，天子亦遂不敢自为非是，而公其非是于学校"。在黄宗羲的构想中，学校的校长（"祭酒"）地位与宰相相等，君主以下官员每月到学校，"祭酒南面讲学，天子亦就弟子之列。政有缺失，祭酒直言无讳"（《明夷待访录·学校》）。同样，各地方郡县也设学校，郡县官僚就弟子列，"师弟子各以疑义相质难"。这里的"公其非是于学校""各以疑义相质难"甚至令人想起西方的议会制度。

同时，我们还应注意到黄宗羲主张的背景中的易的思想。《明夷待访录》的内容都是专门讨论政治的，其正文中没有涉及《周易》，因此该书与《周易》的关系没有引起关注，但实际上该书作者黄宗羲自始至终都强烈地关注着易。

《明夷待访录》中的"明夷"二字原本就是一个卦名，乃"明入地中"之意，象征"光明殒伤"①。正如黄宗羲自己在序中所言，这本书写于转折期前可称为"明夷"即黑暗的时代。黄宗羲自比为圣人周武王向其请教天地大法的箕子，正在等待明君的来访（"待访"），并对即将到来的"大壮"②，即"大者壮"的强盛之世充满期待，从而写下了这本书。

---

① 《周易》明夷卦第三十六，"明夷：利艰贞。《彖》曰：明入地中，明夷；内文明而外柔顺，以蒙大难，文王以之。利艰贞，晦其明也；内难而能正其志，箕子以之"。"明夷"象征"天下昏暗，君子晦明不用，艰贞守志"。象传以文王和箕子处患难时"用晦"的例子来加以说明（参见黄寿祺、张善文《周易译注》，上海古籍出版社 1989 年版）。黄宗羲以此卦为书名，也是通过文王、箕子以明志。
② 《周易》大壮卦第三十四，"大壮：利贞。《彖》曰：大壮，大者壮也；刚以动，故壮。大壮，利贞，大者正也。正大而天地之情可见矣"。"大壮"象征着事物发展的美好阶段。（参见黄寿祺、张善文《周易译注》，上海古籍出版社 1989 年版）。

黄宗羲也是一个众所周知的《周易》研究大家，他认为"易，圣人之书也。所以明斯道之变易，无往不在也"①。对于黄宗羲来说，通过《周易》可以明宇宙万物之"道"。通过黄宗羲的《明儒学案》等著作我们可以看到易的思想贯穿于他的哲学之中。而最直接地表现了黄宗羲关于"通"的政治思想的当数他的《泰卦讲义》②了。

> 泰训通，否训塞。只"通""塞"二字，足尽古今治乱之故。是故有天下者，小民祁寒暑雨，日闻于上，臣下嘉言罔攸伏，天下气脉自相流通，便是至治之世。若当挽近之时，人情隔碍，道路以目，弊政訾俗，共知其非，人不敢指。即一家父子兄弟之间，情义亦自柴栅，只缘上官骄亢，僚属卑谄，以至于此。卑谄与不卑谄，君子、小人于此分途。君子自然直言敢谏，小人自然阿誉曲从。故治天下，以亲君子远小人为急务。《泰卦》所言皆是此意。③

---

① 沈善洪主编、吴光执行主编：《黄宗羲全集》，杭州：浙江古籍出版社 2005 年版，第 405 页。
② 《泰卦讲义》收录在许三礼《天中许子政学合一集》，四库全书存目丛书编纂委员会《四库全书存目丛书》子部第 165 册子部杂家类中。它是黄宗羲于 1676 年（康熙十五年）应时任浙江海宁知县许三礼之邀在海昌讲学会上的讲义录之一。本文未收入浙江古籍出版社出版的《黄宗羲全集》中。详见新田元规《许三礼の海昌讲会と黄宗羲〈海昌五经讲义〉》，《日本中国学会报》第 67 集，2015 年。
③ 新田元规：《许三礼の海昌讲会と黄宗羲〈海昌五经讲义〉》，《日本中国学会报》第 67 集，2015 年，第 2 页。

若从《周易》中的"泰、否"视角重新审视《明夷待访录》,我们就能对"明夷"与黄宗羲期待的"大壮"有进一步的体认,在他看来,现实政治社会中的"明夷"具体体现为"人情隔碍",对于弊政人不敢指,处于内小人外君子的"否"的阻塞状态之中。为了实现天下气脉流通,迎来"大壮",其急务就在于"亲君子远小人",内君子而外小人。

《明夷待访录》的杰出之处不仅在于将民本思想推到极致,同时还在于具体地提出设立"宰相""学校"等制度对君主官僚进行限制,这一系列的制度构想都是为限制君权、官权,最终实现"通则久"——"天下气脉自相流通"的"至治之世"的政治。可以说这种制度论在儒家政治思想中是极其匮乏的,因而更显其珍贵。

以激进的方式发展民本思想的《明夷待访录》,被后世高度评价为革命之作,受到清末启蒙知识分子的大力推崇。但是,如果我们从《周易》的角度去看黄宗羲的"君臣"论、"学校"论的话,就必须承认这些都是从传统的自然法思想中推导出来的。《周易》所体现的传统的自然法思想规定了上下、君臣关系的相对性乃是自然之理,而支持黄宗羲革命性思想的正是这种传统的自然法思想。在此意义上,考虑到黄宗羲的思想背景中的《周易》,我们应该说《明夷待访录》中黄宗羲的主张不仅不是革命性的,反而是忠实地继承了儒教传统政治哲学的正统。而此书的最大意义就在于,黄宗羲将民本思想推向了极致,并明确地提出从制度上限制君权的构想。

由上可知，从孟子到董仲舒、黄宗羲，历代的儒者都以民本思想为出发点，各自从不同的角度摸索制约君权的方法。的确，他们的思想中并没有产生权力间相互制衡的想法，但是，都同样地构想了防止暴政限制君权的方法。也就是因为有这样一种限制君权的思想传统，近代中国的知识分子才能够很快地理解西方的立宪主义的制度和思想，并积极地宣扬西方的议会制度。这是因为在限制政治权力的必要性这一问题意识上东西方是相同的。也正因如此，除了与近代的价值观相背驰的董仲舒，孟子与黄宗羲的思想成为近代知识分子的宝贵思想资源而被不断援引并与西方的近代思想相对接。

（二）保障"通"的议会观

1. "上下相通"的承接与转化——冯桂芬

前面提到西方的议会制的意义首先在于制衡政治权力，以防止权力的滥用和腐败。另一方面，中国自古以来同样意识到限制君主权力的必要性，也不乏具体的构想。在此意义上，近代中国在理解和接受西方议会制，主张实行立宪以制衡政治权力，似乎是顺理成章之事。事实上，清末西方议会被介绍到中国时，议会的制约政治权力的功能也确实被清晰地认识到。然而，尽管如此，知识分子们在宣传议会的优越性，主张设议院时，却更多的是从传统的"通"的角度加以论述。"通"在这里被表达为"上下一心""君民一体"。

注意到清末政治论中"上下一心""君民一体"的特征的，首推小野川秀美的研究。而将封建制与清末的议会论关联起来的研究，不能不提到的是增渊龙夫的研究。①

小野川将清末的改革论者分为两个阶段，第一阶段是洋务论者，他们在坚守中国传统的基础上提倡学习西学——这里的西学指西方的器械与技术——推动以军备为中心的改革；第二阶段的改革论者为变法论者，他们在坚守传统的同时注意到"西政"的意义，认为实现"上下一心"和"君民一体"是中国自强的根本，比起军备改革更为重视内政的改革。小野川通过对清末知识分子的改革论的细致考察，描绘了清末政治论从洋务向变法的发展过程。而区分二者最重要的指标之一就在于他们对西方议会的认识。小野川认为，洋务论者对西方的议会基本不关心，而变法论者则注意到西方的议会制，同时对议会的认识也经历了一个逐渐深化的过程。

小野川主张，改革论从洋务到变法的变化在一八八四年（光绪十年）是一个分水岭。当时，西方的议会制度已成为政治改革论的一个不可或缺的议题。这首先是因为西方的议会制度实现了"上下一心"和"君民一体"的目标。

不过，早在一八六一年，在变法论者登场之前，洋务论者

① 参见小野川秀美《清末政治思想史研究》，みすず书房，1969 年；增渊龙夫《歴史家の同時代史的考察について》，岩波书店，1983 年。

冯桂芬就已在《校邠庐抗议》中展开了关于"上下相通"的论述。 如小野川所述,冯桂芬的改革论涉及内政的整体,而其中的重点之一就在于得人、通下情。 对此,小野川评价道,注意到"西政"的冯桂芬为变法论确立了基础。

在小野川看来,如果说,洋务论者冯桂芬的改革论是"上下一心"论的起点,那么,变法论者郑观应的议会论中主张的"上下一心"就是一个顶点。 前面已经谈到,郑观应在其议会论中认为议会的目的就在于实现上下的同德同心。 小野川评述道:"君民一体、上下一心,以及通下情等表达,直到郑观应才被赋予了完整意义上的内容"。 这样评价是因为,郑观应的"上下一心"论是与民选而非"官"的议会相关联的。 相对于此,冯桂芬的"上下一心"论并非如此,冯桂芬的"上下一心"论与传统的封建论相关。 接下来,让我们首先来看冯桂芬的"上下一心"论。

在清末开始讨论立宪之前,传统的"封建、郡县"论依然被知识分子们作为讨论政治的基本架构。 最具代表的,就是林则徐的学生、也是洋务论的先驱冯桂芬所著的《校邠庐抗议》。[①] 冯桂芬在太平天国之乱中,创设了团练、民勇来守护乡土,在此经验和顾炎武论述的基础上,展开了他的封建论。

《校邠庐抗议》共分为四十章,在书中冯桂芬分别提出了四十个改革的方案,涉及政治、经济、社会、文化、军事等各

---

① 以下引用出自冯桂芬《校邠庐抗议》,上海:上海书店出版社 2002 年版。

个领域。 在《免回避议》章中，冯桂芬指出了官僚的本籍回避制度的弊端，认为"官于本地，较之他乡倍宜自爱自重，亦人情也"。 因此，特别是县一级的地方官应该任用本籍（本省）出身者。 在《复乡职议》章中，冯桂芬提出了类似于顾炎武的"独治、众治"的"合治、分治"。 他认为，"治天下者，宜合治亦宜分治：不合治则不能齐亿万以统于一，而天下争；不分治则不能推一以及乎亿万，而天下乱"。 因此，他认为，须在"合治"的基础上加上"分治"。 他援引顾炎武"大官多者其世衰，小官多者其世盛"，认为顾炎武之意就在于恢复"治民之官"的古乡亭之职。 冯桂芬同样构想设"小官"，使基层社会的保甲与团练制度发挥其功能。 这一构想同时也出于他自身的实践经验。 在《复宗法议》章中，冯桂芬进一步主张在官的统治与家长制统治之间，恢复宗法以强化基层社会的教化与相互扶助。 通过强化宗法，能防盗贼、止争端、对抗开始向基层社会渗透的基督教的影响，同时还可以在此基础上兴起"保甲、社仓、团练"等基层社会的公共事业。

值得注意的是，冯桂芬在书中明确提到了"通上下之情"，冯桂芬谈到中国在跟西方相比存在着四个不如之处："人无弃材不如夷，地无遗利不如夷，君民不隔不如夷，名实必符不如夷"（《校邠庐抗议·制洋器议》），此四者必须通过自我变革加以克服。 其中之一就是"君民不隔"这一点上不如西方。冯桂芬在此没有谈及议会制度，但显然他已意识到西方拥有一套"君民不隔"的机制，而当时中国的状况是落后于西方的。

冯桂芬认为:"上与下又不宜隔,隔则民隐不闻,蒙气乘辟而乱又生"。"三代"以后的政治混乱皆是因为上下之间的阻隔导致上不知民间之情事与疾苦。 对此冯桂芬提出了一系列改革方法。 如通过诗的形式反映"民隐",以达到下意上达的目的;重师道,聘任各郡乡所推举的贤人,使其"与大吏抗礼",以培养人才;同时,复乡亭之职,并采用"乡举里选"来任命"小官",等等。

冯桂芬倡采西学,但他的主张基本上是停留在引入西方的坚船利炮,而对西方的议会制度完全没有涉及。 他的通上下情、去除君民间的隔阂的方法也都是源于传统的封建与宗法,希望通过恢复传统来达成自我变革。 这也正是小野川将冯桂芬定位为洋务论者的原因。 不过,如前所述,冯桂芬不仅仅停留在军事上,他还将重点放在了内政改革上,在此意义上,小野川认为冯桂芬的思路是与变法论者相接的。

在议会问题上,增渊龙夫评道:"在介绍西方议会制度的西方政治思想进入中国以后,从顾炎武到冯桂芬的以当地乡绅为主体的有着很强的乡村自治、地方自治论色彩的'封建'论,为变法主张,即不仅要采用西方的机器,同时还要采用议会制度的主张提供了有力的论据"。[1] 冯桂芬之后,知识分子逐渐开始了关于引进西方议会制度的讨论,议会被作为通过"公

---

[1] 增渊龙夫:《歴史家の同時代史的考察について》,东京:岩波书店,1983年,第194页。

举"选出通下情的"乡官"的装置。 例如，郑观应所主张的议
会即是以"乡举里选"为基础的。 封建制的传统是近代中国的
知识分子们在接受西方议会制度时的重要媒介。

小野川通过缜密的研究，指出了清末知识分子的政治论的特
征。 但是，不可否认的是，他以对西方议会制度的理解程度为
标准来衡量清末的政治论，描绘出从洋务到变法、从恢复封建的
"上下一心"论到引进西方议会制度的"上下一心"论的模式，
在这一点上是以近代化的标准出发，将清末的政治论单一化和脸
谱化了。 但是，即使存在着研究上的时代局限，小野川指出冯
桂芬奠定了清末变法论的基础是十分敏锐的。 冯桂芬的主张意
味着对以顾炎武为代表的传统的封建论的继承，同时也开启了
清末西学背景下的变法论之端，具有重要的承上启下的作用。

2. "上下一心"的议会论——郑观应

前面提到，魏源的《海国图志》①中介绍了英国的议会制
度："国中有大事，王及官民俱至巴利满衙门，公议乃行"②。
"巴利满衙门"，即议会，是讨论国家大事的场所，国王的决定
必须经由议会的公议。 不仅如此，书中在介绍征税时，也较为
准确地介绍了权力分立的情形：

---

① 《海国图志》在 1847 年刊行了 60 卷本，1852 年又将徐继畬在 1848 年所著《瀛
  寰志略》收录其中增补为百卷本。 1854 年前后，60 卷本传到了日本。 在其后
  的一两年间，就出现了 20 种训点翻刻本与和译本。
② 魏源：《海国图志》，长沙：岳麓书社 2011 年版，第 1404 页。

设有大事会议,各抒己见。其国中尊贵者曰五爵,如
中国之公、侯、伯、子、男,为会议之主。且城邑居民,各选
忠义之士一二,赴京会议。国王若欲征税纳饷,则必绅士
允从;倘绅士不允,即不得令国民纳钱粮;若绅士执私见,
则暂散其会,而别择贤士。如有按时变通之事,则庶民择
其要者,敬禀五爵、乡绅之会。大众可则可之。大众否则
否之。①

在这里,议会不光代表贵族,也代表了一般居民的利益,
特别是若无"绅士"的允从就不能征税,充分认识到国王的权
力是受议会限制的。

此外,后来也一同被纳入《海国图志》的徐继畬的《瀛寰
志略》中,也同样明确地认识到了英国议会对权力的"牵制"
作用。

都城有公会所,内分两所:一曰爵房,一曰乡绅房。爵
房者,有爵位贵人及耶稣教师处之;乡绅房者,由庶民推择
有才识学术者处之。国有大事,王谕相,相告爵房,聚众公
议,参以条例,决其可否;辗转告乡绅房,必乡绅大众允诺而
后行,否则寝其事勿论。②

---

① 魏源:《海国图志》,长沙:岳麓书社 2011 年版,第 1425 页。
② 魏源:《海国图志》,长沙:岳麓书社 2011 年版,第 1463 页。

尽管以上书中对"议会"的译词有"巴厘满""公会所"等,并不统一,但都清楚认识到对国家"大事"进行"公议"的议会是一个限制王权的机构。"大众可则可之,大众否则否之","必乡绅大众允诺而后行,否则寝其事勿论"等介绍更是反映了相对于王权的"民权"的力量。

英国等西欧各国的议会制度,无疑给中国知识分子带来了巨大的冲击。在中国传统的民本思想里的"民贵君轻"思想,提倡君主必须重视民意、施行"仁政",否则即失去作为君主的正当性,但这些只是停留在价值意识上,而保障这些意识与思想的制度并没有建立起来。从这个意义上说,"民"的意志不再像传统的民本思想那样通过抽象的"天""天命",而是能够通过现实中议会的讨论得以明确地表达出来,这样一种近代化的制度是传统中所没有的,这一点无疑给当时的知识分子们带来了巨大的冲击。但是另一方面也可以说,正是因为拥有"天视自我民视,天听自我民听"这种民本思想的背景,近代的知识分子们很快就能够理解近代议会制度的作用,深感其魅力,并积极倡导效法西方议会制度。

令人深思的是,知识分子们在实际倡导引进近代议会制度的时候,尽管他们清楚地认识到议会对政治权力的"牵制"作用,但他们却没有从制约君权这个"消极原理"出发强调其必要性,而是恰恰相反。

郑观应的主张就是代表。他认为:"无议院则君民之间势多隔阂,志必乖违,力以权分"。在此,郑观应最担心的是

"志必乖违，力以权分"，希望通过议会排除君民间的隔阂。因此，他一方面认为"泰西各国咸设议院，每有举措，询谋佥同，民以为不便者不必行；民以为不可者不得强"①，认识到议会的作用是限制政治权力，但期待的却是议会能使"君民相洽，情谊交孚"，以实现"上下一心，君民一体"。

这种借助开设议会以去除君民间的隔阂，实现"上下一心，君民一体"的主张，在同时代的王韬、陈炽、陈虬、何启、胡礼垣，以及康有为等知识分子的议会论里，都同样可以看到。② 同时，还应该注意到，以上的君民间的"上下一心，君民一体"的主张，并非通过让民顺从于君而得以实现，而是以通过国会实现"大众可则可之。大众否则否之"的政治为前提的，当然，这种对西方民主的理解实际上同时带有很强的"天视自我民视，天听自我民听"的儒家民本思想传统色彩的。

显然，清末的知识分子接触到西方的议会后，首先并没有把它看作是体现了三权分立的机构，而是将它理解为排除君民间的隔阂，实现"上下一心，君民一体"的制度装置。对此，一方面我们不能否认这一主张是由于对西方的立宪制度的理解不够，但是，同时我们应该注意到，知识分子们的关心与其说

---

① 郑观应：《盛世危言》，上海：上海古籍出版社 2008 年版，第 415 页。
② 注意到清末议会这一特征的研究首先参见小野川秀美《清末政治思想史研究》，みすず书房，1969 年，第 1、2 章，还可参见许介麟《日本と中国における初期立憲思想の比較研究——特に加藤弘之と康有為の政治思想の比較を中心にして——》，《国家学会雑誌》第 83 卷第 5、6 号—11、12 号，第 84 卷第 1、2 号，1970—1971 年，第 3 章等。

是在于近代西方的脉络中的本来意义上的议会制，其实是在于如何在中国的政治脉络中理解议会并加以定位。近代知识分子对议会制的这种理解，有研究将它看作是对源于西方的制度的误解，或是将它看作是为了说服那些反对引入西方文明的保守派的一种"附会"式解释①，但是，从《海国图志》等书中关于西方议会的叙述中我们显然能够确认近代中国的知识分子对西方的议会并无曲解，他们将议会功能归结于"上下一心"时虽然不乏"附会"因素，但是近代知识分子们是在中国传统政治观的基础上来理解议会制度及其意义，并在此基础上进行"再诠释"的，他们评价议会是因为它符合理想的政治理念，是能在制度层面实现这一理想的制度。

郑观应的"上下一心，君民一体"的议会论中有这样一节：

> 盖上下交则为泰，不交则为否。天生民而立之君，君犹舟也，民犹水也。水能载舟，亦能覆舟。伊古以来，盛衰治乱之机总此矣。况今日中原大局，列国通商势难拒绝，则不得不律之以公法。欲公法之足恃，必先立议院、达民情，而后能张国威、御外侮。②

----

① 许介麟：《日本と中国における初期立憲思想の比較研究——特に加藤弘之と康有為の政治思想の比較を中心にして——》，《国家学会雑誌》第 83 卷第 5、6 号—11、12 号，1970 年，第 691 页。
② 郑观应：《盛世危言》，上海：上海古籍出版社 2008 年版，第 418 页。

在这里，郑观应明确地以民本主义的逻辑展开其关于议会的讨论，把君和民比作船和水的比喻出自荀子，是广为人知的对统治者的警言。不可否认的是，其视角是站在君主立场上的，这一点也正是民本思想的局限。

不过，这段话同时值得注意的是，郑观应的通过设立议院来实现君民"相通"的主张是在上述的《周易》中的"'上下交'则'泰'，反之则'否'"的语境中展开的。他明确地在泰与否，亦即通与塞的架构中讨论了为实现"上下一心"的国会。同时，特别值得注意的是，《周易》中原本局限在君臣之间相通的上下交泰的主张，在郑观应的议会论中进一步被扩大为君民间相通的"君民一体"，议会成为实现沟通君民间的隔阂的重要手段，郑观应在此并未明确提出民权，而是停留在"达民情"之上，但是，他显然已经经历了西方近代议会制度的洗礼，对《周易》的传统框架做出了近代性的解释。可以说，前述小野川对郑观应的评价是中肯的。

3. 章炳麟的代议制批判

一九〇七年，出于对清朝政府的"预备立宪"进程缓慢的不满，速开国会的舆论高涨，并最终发展成为速开国会运动。造就这场运动的最初契机是杨度，他在《金铁主义说》（一九〇七）中首倡速开国会。与此相应，此前在《新民丛报》上主张"开明专制"，并与革命派的《民报》间展开了改良与革命的争论的梁启超，在同一时期也加入了主张速开国会的阵营，成为舆论领袖。 不仅如此，他还和杨度分别为即将开设的国会做准备，着手建立政党组织。 杨度是"立宪公会"的实质上的领袖，梁启超则创设了"政闻社"。

面对梁启超与杨度等人的立宪派的行动与主张，章炳麟将批判的矛头直接指向了他们。 章炳麟在一九〇七年和翌年分别在《民报》上发表了《政闻社员大会破坏状》和《代议然否论》，前者批判梁启超，后者则把矛头对准了杨度。 在文章中，章炳麟力陈代议制不适于中国，对立宪派展开了激烈的批判。 意味深长的是，章炳麟对代议制的批判也同样是从"封建、郡县"的逻辑出发的。

首先，章炳麟断言："代议政体者，封建之变相"①。 因为，从其功能来看，代议制"其用在于纤悉备知，民隐上达"②。 在章炳麟看来，封建制下的诸侯在县的范围内任命数百名官吏进行统治，被任用者多不出乡里，因此能够知民间情伪，而人民也不敢自匿。 同时，由于世袭的诸侯与治下之民之间上下身份固定，民视诸侯以为天授，因而顺从而不违逆。 所以议院正是此种纤悉备知的封建式统治的变相。 同时，从构成上来看，章炳麟认为，议院分为贵族院与众议院上下两院就是固定贵贱、贫富差距间的不平等，这与封建社会的身份制度并

---

① 《民报》（影印本），台北："中国国民党中央委员会党史史料编纂委员会"1969年版，第3747页。
② 《民报》（影印本），台北："中国国民党中央委员会党史史料编纂委员会"1969年版，第2796页。

无实质差别。 可以说，代议制乃封建之变相，点出了清末知识分子接受西方近代议会制度逻辑所在。

但是，章炳麟却提出，中国不适于实行代议制。 因为，中国与实施立宪制的欧洲诸国和日本相比有两个不同之处。 一个是离封建制历史的远近。 他认为，去封建时代远则民皆平等，反之，离封建制近，则保留了贵族与庶民的身份制传统。 因此，离封建制历史近的国家可以实行作为封建制变相的代议制，而对于去封建实施郡县制两千余年的中国是不合适的。 另一个不同在于，中国与欧洲诸国及日本相比地域辽阔，人口众多，即使实行了代议制也无法实现选良①。 章炳麟重视民权的恢复与保障，在他看来，成立政府的目的是守护人民，保民之和平与安全②，而如果在中国实施代议制正与此背道而驰。 首先，选举绝非选良，它必然导致当选的都是偏向有影响力的土豪与豪民的结果。 同时，实施了选举法后，必然出现"上品"中无贫者阶级出身者，"下品"中无富者的断裂状况。 因此，名为国会，实际上会变成为虎添翼的"奸府"③。 另外，从选举权来看，如果它是以人们的识字能力为基准的，那么，当时七成中国人都将没有选举资格；而如果以纳税额为基准的话，

① 《民报》（影印本），台北："中国国民党中央委员会党史史料编纂委员会"1969年版，第3117—3118页。
② 《民报》（影印本），台北："中国国民党中央委员会党史史料编纂委员会"1969年版，第3764页。
③ 《民报》（影印本），台北："中国国民党中央委员会党史史料编纂委员会"1969年版，第3750页。

地方间的差距又将直接反映到选举的结果上，导致选举权集中在特定的区域。

因此，在章炳麟看来，在中国实行代议制不仅不能伸张民权，反而会招致民权的丧失。在君主国中，"贵贱不相齿"，在民主国中，富者与贫者不相并列，结果造成阶级和对立。[1] 不仅如此，议员只是主张所属政党的党见，而不是表达民意。所以，章炳麟认为，议院乃民之仇，而非民之友。[2]

与实施代议制导致贵族与庶民间的阶级对立的结果相比，章炳麟认为由一个王者秉权于上而不实行严密的统治，人民反倒会因此更为轻松。[3] 换言之，"无为"之治能使人民获得更多的自由。他以历史上唐代的贞观之治、开元之政为例，"综核之严止于廉问官吏，于民则不为繁苛"，认为比起立宪，郡县制下的开明专制反而显得更为合理。章炳麟的这一见解基于对中国两千年统治的观察，他认为"中国混一既二千稔，秩级已弛，人人等夷，名曰专制，其实放任也"[4]，正是因为这种放任专制，使人民得以享有自由。

当然，重民权的章炳麟并不会因此而期待开明、放任的专

---

① 《民报》（影印本），台北："中国国民党中央委员会党史史料编纂委员会"1969年版，第3756页。

② 《民报》（影印本），台北："中国国民党中央委员会党史史料编纂委员会"1969年版，第3762页。

③ 《民报》（影印本），台北："中国国民党中央委员会党史史料编纂委员会"1969年版，第3747页。

④ 《民报》（影印本），台北："中国国民党中央委员会党史史料编纂委员会"1969年版，第3117页。

制。 作为革命派的一员,他拥护经由共和革命后所确立的总统制,但是,在承认总统拥有最高行政权的同时,他主张司法与教育的独立,应赋予这两个部门的长官以与总统同等的权力。同时,为了克服官、宦的专权与压迫,以及宗族间不平等的上下统治关系,应通过独立的司法和教育的作用,对诸权力加以限制。 明确认识到政治权力的暴力的章炳麟,强烈地意识到制约权力的重要性。

不可否认,以上章炳麟关于代议制的讨论是鉴于中国的政治现状,从革命派的反满意识形态出发的,具有政治斗争性质的一面。 但是,即使这样,从他的讨论中依然可以读取他对代议制在中国的政治现实中应用时将会带来的问题的批判。

同时,章炳麟是在传统的"封建、郡县"的架构中定位议会制度的,他也是将议会作为通上下情的机构,尽管表达不同,但章炳麟对议会的理解可以说与郑观应的"上下一心"的国会观相通。 从这一传统的架构来看,他是封建制的批判者。因为,对顾炎武和冯桂芬等人所信赖的不平等的宗法社会,章炳麟抱有强烈的反感。 顾炎武与冯桂芬期待基层社会的名望家能起到上达"民隐"、以通上下的作用,与此相反,章炳麟则把他们看作在地方的"豪强",并批判道:"夫贼民者非专官吏,乡土秀髦,权力绝尤,则害于民滋甚"①。 在章炳麟看来,当时

---

① 《民报》(影印本),台北:"中国国民党中央委员会党史史料编纂委员会"1969年版,第3118页。

的状况下选举出来的议员们不外乎这些贼民的豪强，所以，他绝不能认同代议制，自然，三权分立的制度也不在他的视观之中。

批判封建论的章炳麟看似近乎郡县论者，因为在他看来，中国历史中的粗放式统治的放任专制使人民享有自由，贞观之治的开明专制更为他所认同。但是，应该注意到，章炳麟谈及的"郡县论"是一种近代化了的制度。他的主张里，司法和教育独立，其部门长官被赋予和总统同等的权力。这种对制约权力的思考，不仅继承了中国的传统，同时也是重民权的章炳麟对近代法治精神的理解的产物。

章炳麟的主张一方面与近代的法治思想相通，另一方面又对在中国实行议会制采取批判态度，这是因为，他认为如果在中国开议院，通过选举产生的议员本应是民权的代表，但是结果却将会是贼民的豪强，他们绝不会代表民权，起到上下相通的作用。而章炳麟的这一主张可以说是与他在"封建、郡县"的架构中思考是息息相关的。

以上，以"上下一心，君民一体"为中心考察了清末"封建、郡县"论与议会论的关系。可以说它反映了清末议会论中的两个特征。

第一个特征是反映了以"通"为代表的中国政治传统。儒家通过引入《周易》，赋予了儒家民本思想在理论和逻辑上的支持。现实政治的良否通过易中的"泰、否"和"通、塞"来叙述，理想的政治具体通过上下相通，"上下一心，君民一体"

来具象。 民本思想的这一表象并不意味着一君万民体制下对权力的一味顺从，以易姓革命为象征的民本思想同样在《周易》中得以正当化而成为"上下一心，君民一体"的"通"的潜在前提。 同样，在制度论上，围绕传统的"封建、郡县"的讨论，无论是主张前者还是后者，都是根植于如何实现天下之"公"，如何体察民情，顺从民意的民本思想传统上的。

清末的"上下一心"论与中国政治传统中的"通"的意识显然是同义的。 无论是恢复封建传统的主张，还是引进议院的主张，可以说都是实现"上下一心"的"通"的政治手段和方法。 尽管二者在方法和手段上不同，但"通"的政治观的传统并没有改变。 在清末，议会制度首先被看作尊重民意，实现"通""和"的政治的制度保障而被接受和宣传的。 在此意义上，十九世纪清末知识分子们对于议会的理解依然可以定位在中国政治传统的脉络的延长线上。

清末议会论的另一个特征是其近代性。 对于中国政治思想的传统，近代西方所造成的冲击是十分巨大的。 这是清末议会论的另一个侧面。 民本思想中的"下情"和"民隐"为"民权"所取代，"封建、郡县"的讨论也被以代议制为象征的立宪政治的讨论所替代。

但是，应该注意到，传统的政治观在被近代的政治观替代的过程中，传统的概念与价值并不仅仅是起到了作为接受新的价值的手段的作用，知识分子们的思维方式也不会在这过程中被轻易地改变。 的确，在近代化过程中，近代的思想与制度不可逆地取得优势，渗透到社会中并逐渐改变了人们的观念；但另一方面，在新文化的激发下，传统的思维结构在改变其原有形态的同时依然保持了生命力。如果简单地从现代的立场来看，它往往会被看作是知识分子们思想中所残存的近代因素，是他们的局限性，甚至是对西方现代性的误解乃至歪曲。但是，在面临危急存亡的政治状况中，如何打开闭塞的政治局面使其回复到正常的轨道，可以说是近代中国知识分子们的最大关心所在。为此，他们动员了所有可动员的思想资源。在此意义上，追问知识分子们在多大程度上正确地理解了西方的现代性，这样的问题虽然并非没有意义，但笔者认为，更重要的是要思考知识分子们的"上下一心"论所具有的意义本身。换言之，就是应该重视思考近代的知识分子们是如何在西方的现代性与传统的政治观二者的交错与碰撞中，基于中国传统的政治意识和逻辑来建构他们各自的政治思想的。

第四章

严复的法治与宪政观

清末郑观应等人关于议会的讨论，在二十世纪初终于开始
被推进。清政府主导的"新政"在舆论的进一步推动下，于一
九〇六年开始了"预备立宪"，而后速开国会的呼声迅速高涨，
形成了国会请愿运动的大潮。这一时期的议会论比起十年前不
仅在量上有很大的增长，在质的方面对立宪制度和思想理解也
有很大的提高。这一时期关于立宪的讨论，严复的主张是最有
深度并值得注目的。严复在一九〇三年翻译了约翰·穆勒的
《论自由》以后，又在一九〇四年至一九〇九年间着手翻译孟
德斯鸠的《论法的精神》。① 严复用了六年的时间来翻译孟德
斯鸠的大著，说明他对《论法的精神》的持续性关注。其间，
他还着手翻译了甄克思的《社会通诠》（一九〇五年）并编译了

---

① 严复翻译为《法意》，由商务印书馆出版，共 7 册。最初 3 册于 1904 年出版，
　其后的 1905 年、1906 年、1907 年及 1909 年各出一册。以下在论及严复的翻
　译时将使用《法意》一词。

希利的《政治科学导论》（一九〇五年）①，同时还展开了活泼的言论活动。《宪法大义》（一九〇六年）等不少文章都是这个时期的产物。

在《法意》中，严复在忠实翻译原文的基础上，还加入他个人的按语，我们可以从中读取严复关于法的思索。《政治讲义》则以严复自己的讲义的形式出版，意味着他对原著者希利的主张的承袭。通过这些译著和同时期的文章，我们可以观察到严复与孟德斯鸠、希利、甄克思等之间的对话，了解严复对他们的理论的"再诠释"。

本章将以严复所译《法意》及其中的按语和这一时期严复的其他主要著作和文章为线索，来讨论严复是如何把握法治的；在严复的主张与孟德斯鸠的思想之间的异同中思考严复对法的思索是基于什么样的中国逻辑的。所谓中国逻辑，意味着严复的主张是在中国传统政治意识的延长线上，是与中国政治的历史和同时代的政治现实紧密相连的。接下来，本书将通过"放任"与"责任"、"掣肘"与"制约"这两对概

---

① 严复的《政治讲义》的底本是 John R. Seeley, *Introduction to Political Science*, London：Macmillan and CO. Limited. 1896。（参见戚学民《严复〈政治讲义〉文本溯源》，载《历史研究》2004 年第 2 期。）同时，1906 年在《外交报》上发表的《论英国宪政两权未尝分立》及其续篇《续论英国宪政两权未尝分立》（未发表）也是基于希利的这一著作的。与严复在其他译著中的翻译者身份不同，在《政治讲义》里，严复将原著作为自己的主张来加以阐述，这意味着他全面赞同希利的主张。因此，将希利的理论与自己的主张巧妙地结合在一起的《政治讲义》可以说既是对希利著作的翻译，又反映了严复自身的思想。

念来考察严复对于政治权力及权力关系的把握，在考察严复对自由、民权、自治等近代概念的理解的基础上分析严复的以议会为象征的立宪观，并思考他对西方法治思想"再诠释"的意义。

一、"有责任政府"意义

（一）自由与"受管"之间

现代西方的立宪主义也被称为立宪民主主义。 立宪民主主义"其目的（目标）在于确保国民的权利自由，权力分立的原理与国民自治的原理（保障国民的参政权）是实现这一目标的过程（手段）"①。 权力分立的原理之中包含了对国家权力的怀疑态度和防止滥用权力的原理②，国民自治的原理则体现了民主主义。 以三权分立为特征的近代西方立宪制度是保障国民自由这一目的的重要手段。

自由作为构成近代西方政治社会的根本原理之一，在考察

---

① 大石真：《立宪民主制——憲法のファンダメンタルズ》，东京：信山社，1996年，第40页。
② 清宫四郎将权力分立的特性总结为：1. 自由主义政治组织原理；2. 防止滥用权力的消极性原理；3. 对国家权力的怀疑态度；4. 政治的中立性。 这四点参见清宫四郎《権力分立制の研究》（復刊版），有斐阁，1999年，第2—5页。

国家社会时是不可或缺的概念。 致力于介绍近代西方思想的严复自然也不例外。 严复不仅翻译了穆勒的《论自由》(严复译为《群己权界论》),在《法意》《政治讲义》等著作中都必然谈到自由,对于严复在《群己权界论》中对穆勒的误读迄今已有堪称经典的论述①。 在此,笔者将重点讨论严复在《政治讲义》和《法意》中对自由及其与法、议会的关系的理解②。

严复在《政治讲义》中的最大特色就是将自由去价值化,并将其彻底地量化,使之区别于立宪制度下的国民自由的概念。 严复首先对《政治讲义》中所要讨论的自由与穆勒《论自由》中的自由之间进行了区分,即《政治讲义》所要论述的不是穆勒所讨论的"伦学中个人自由",而是"政界自由"(political liberty)③。

所谓"政界自由",是与管束相对的概念,严复认为,政令简省是自由。 有无自由仅仅意味着政府法律、法令的繁或简,"民之自由与否,其于法令也,关乎其量,不关其品也"④。 这种量的自由从与政府的关系来看,因为受管束即受政府之管,

---

① 参见 Benjamin. I. Schwartz, *In Search of Wealth and Power:Yen Fu and the West*, London:Belknap Press. 1964;黄克武《自由的所以然——严复对约翰米尔自由思想的认识与批判》,上海书店出版社 2000 年版。

② 在日本最初注意到严复的独特的关于自由讨论的是佐藤慎一《近代中国知识分子与文明》,东京大学出版会 1996 年版中的《补论》一文。

③ 王庆成、叶文心、林载爵主编:《严复合集 6》,台北:财团法人辜公亮文教基金会 1998 年版,第 55 页。

④ 王庆成、叶文心、林载爵主编:《严复合集》,台北:财团法人辜公亮文教基金会 1998 年版,第 62 页。

政府的权力越大，对国民的管束越多，国民的自由就越少，反之亦然。 自由的量的多少与政府权力的大小成反比。

从这一角度看来，严复认为："民之自由与否，与政府之仁暴，乃绝然两事"[1]。 既然自由是用量来衡量的，那么，如果不干涉国民之行事，使他们得以为其所欲为，即使有暴君、弊政，国民依然是自由的。 反之，如果实行干涉，即使是尧舜之世，国民也是不自由的。 正因如此，十八世纪以后的欧洲诸国，民权日长，政界弥变，法制弥多，治民亦弥密，因此，国民所得的自由可谓极少。 因此，严复说："留自由名词，为放任政体专称可耳"[2]。 也就是说，自由愈多，愈是意味着政府的放任。 在此意义上，自由不仅与政府的权力消长成反比，同时也与政府的政令、法制的多少成反比，自由愈多，也就意味着愈放任。

自由被如此量化，那么，自由的多寡、或者说政治的宽严是由什么所决定的呢？ 严复认为，政府权界的广狭和作为同一枚硬币的背面的民众自由的多寡，为天演自然之事，视其国所处天时、地势和民质而定。 具体地说，政府的权界范围取决于其国所受外来之压力，而民众自由与此成反比。 这一点，《政治讲义》中列举了英国与德国的例子作为鲜明的对照，即与后

---

[1] 王庆成、叶文心、林载爵主编:《严复合集》,台北: 财团法人辜公亮文教基金会 1998 年版，第 57 页。

[2] 王庆成、叶文心、林载爵主编:《严复合集》,台北: 财团法人辜公亮文教基金会 1998 年版，第 65 页。

者相比，前者因其地理上的有利条件而少有外患，因此，人民享有较多的自由。根据希利所提示的"外压"标准，严复自然强烈地意识到中国的政治现状。他说道："即在吾国，使后此果有盛强之日，吾恐政府之柄，方且日张。民有自由、降而益少。至以政府之由于无责，而转为有责，殆亦势所必至之事。何者？使其不然，便无盛强之日故也"①。在严复看来，要走向富强，就需要一个强有力的有责任的政府。

严复的讨论中，"有责任政府"与前述的"放任政体"形成了鲜明的对比。对于严复来说，将放任、不负责任的政府改造成为负责任政府乃是最紧要的时代课题。

（二）"国群自由"与"小己自由"再辨

作为穆勒《论自由》的译者，尽管严复认识到穆勒所主张的个人自由，但他曲解穆勒的本意，将个人自由与国群自由相联系起来却是不争事实。敏锐地指出了严复的误读的史华慈说道："个人的自由在穆勒的思想中往往是被作为目的本身来谈的，而严复却把它当作提高'民德与民智'的手段，甚至成为为了国家诸目的的手段"②。也就是说，穆勒关于"个人的自

---

① 王庆成、叶文心、林载爵主编：《严复合集》，台北：财团法人辜公亮文教基金会1998年版，第68页。
② Benjamin. I. Schwartz, *In Search of Wealth and Power*: *Yen Fu and the West*, London：Belknap Press. 1964，p. 141.

由""个性的自由"的主张是为了排除来自社会的"多数者的专制"与同一化的约束，守卫个人的自由，即强调相对于社会的个人自由。换言之，穆勒的主张重视和强调的是个人与社会、国家之间的紧张关系，但是严复却曲解穆勒的主张，将主张个人自由与国家的富强这一目的直接联系在一起，使个人自由服务于国家富强这一目的。

在史华慈看来，这种将个人自由作为实现国家自由的手段的论述，在《法意》中以"国群之自由"与"小己之自由"得到再现。在《法意》的按语中，严复叙述如下："特观吾国今处之势，则小己之自繇，尚非所急，而所以祛异族之侵横，求有立于天地之间，斯真不容缓之事。故所急者乃国群自繇，非小己自由也。求国群之自繇，非合通国之群策群力不可。欲合群策群力，又非人人爱国，人人于国家皆有一部分之义务不能。欲人人皆有一部分之义务，因以生其爱国之心，非诱之使与闻国事，教之洞达外情，又不可得也。"①

史华慈在介绍严复的上述主张时，将严复所说的"小己之自由"与"国群之自由"分别表述为"freedom of the individual"和"freedom of the nation-society"②，并在脚注中指出，严复将英文中的"个人"翻译为带有非难意义的"小

---

① 王庆成、叶文心、林载爵主编:《严复合集 13》,台北: 财团法人辜公亮文教基金会 1998 年版, 第 441 页。

② Benjamin. I. Schwartz, *In Search of Wealth and Power: Yen Fu and the West*, London: Belknap Press. 1964, p. 171、172.

己"①，并认为严复的自由主义思想出现了"不吉的断裂"
(ominous crack)②。 也就是说，史华慈将严复的"小己"的表
达解读为严复对"个人主义"的轻视倾向。 在史华慈看来，严
复把个人自由作为国群自由的手段。 但是这是否意味着严复轻
视个人自由呢？ 笔者以为，史华慈指出严复对穆勒的自由的误
读是十分敏锐的，但以此来解读《法意》中的"国群自由"与
"个人自由"的关系却对严复的理解产生了偏差。 对此，可以
分两点来看。

首先，从《政治讲义》中可看出，严复不仅仅只谈量化的
自由，与此同时，他还通过"自治"来彰显自由的内在价值。
在阐明了与政府、法令呈反比例关系的量化的自由后，《政治讲
义》又回到西方政治学中一般意义上的自由观，严复认为，它
虽然与量化的自由的定义不同，但是二者实际上殊途同归。 严
复解释道，政府与量化的自由成反比。 但如果法令是由己出，
或自己参与制定，"然则吾虽受治，而吾之自由自若。 此则政
界中自治 Self-Government 之说也"。 "是故政界之境诣，至于
自治而极"③。 严复在这里所说的"自治"，换而言之，就是

---

① Benjamin. I. Schwartz, *In Search of Wealth and Power*：*Yen Fu and the West*，
London：Belknap Press. 1964，p. 266.

② Benjamin. I. Schwartz, *In Search of Wealth and Power*：*Yen Fu and the West*，
London：Belknap Press. 1964，p. 171.

③ 王庆成、叶文心、林载爵主编：《严复合集 6》，台北：财团法人辜公亮文教基金
会 1998 年版，第 80 页。

治者与被治者的统一。 这一解释可以说和卢梭在社会契约论中的人民主权的主张是完全一致的。 也就是说，在政治社会中，人们在服从由自己参与制定的规范时是自由的。 每一个人既是公民（citoyen），同时又是服从自己制定的法的臣民（sujet）。 尽管严复是卢梭的社会契约论的批判者①，在此也没有涉及"人民主权"，但是，他所提到的自治无疑是民主主义的根本原理。 严复认为，这种自治是政治的终极目标。 由此可见，严复绝非轻视自由的价值。

其次，更为重要的是，实际上严复使用的"国群之自由"，不仅仅是意味着在外压下保持国家的独立，"小己之自由"也并非意味着自由主义式的"个人之自由"。"国群之自由"与"小己之自由"在严译《法意》中实际上是被用来对应原文中其他的词的。

孟德斯鸠在《论法的精神》的第十一章《确立政治自由的法与政制的关系》的开头，区分了两种"确立政治自由的法律"，即"从政治自由与政制（constitution）的关系角度确立政治自由的法律"和"从政治自由与公民关系角度确立政治自由的法律"。 严复正是将原文中的这两种"政治自由"——与"政制"相关的和与"公民"相关的两种政治自由——分别翻

---

① 严复批判卢梭的民约论是非历史的。 参见王庆成、叶文心、林载爵主编《严复合集 3》,《民约》,台北: 财团法人辜公亮文教基金会 1998 年版。

译成"国群自由"和"小己自由"①。

孟德斯鸠说道:"政治自由绝不意味着可以随心所欲,自由仅仅是做他应该想要做的事和不被强迫做他不应该想要去做的事"②。严复在翻译这一定义时,将孟德斯鸠所说的"有法可依的社会"的国家中的"政治自由"翻译为"国群之自由"。不仅如此,严复在翻译此定义后又特意加上一句——"然法律所论者非小己之自由,乃国群之自由也"③,事实上,在第十一章的翻译中,严复基本上都将与"政制"相关的政治自由翻译为"国群之自由"。

从以上可以看出,孟德斯鸠所说的"政治自由",其内涵的核心就在于有法可依。当政治自由是与政制相关时,严复将其翻译为"国群之自由",而与公民相关联的政治自由则被译为"小己之自由"。后者的"小己之自由",很显然并非指自由主义式的个人自由,而是《政治讲义》中谈到的,区别于穆勒的"伦理学中的个人之自由"的、可以被量化的受法律约束的"政界自由"。而前者的"国群之自由"也并不仅仅意味着史华慈所说的国家的自由与独立(freedom of the nation-society),它更为强调的应是有可依之"法",即意味着摆脱放

---

① 王庆成、叶文心、林载爵主编:《严复合集 13》,台北:财团法人辜公亮文教基金会 1998 年版,第 319 页。
② 参见 [法] 孟德斯鸠《论法的精神》上卷,许明龙译,商务印书馆 2012 年版,旁点为引用者所加。
③ 王庆成、叶文心、林载爵主编:《严复合集 13》,台北:财团法人辜公亮文教基金会 1998 年版,第 270 页。

任、放纵状态建设法治国家。因此,严复对"国群之自由"的强调不能像史华慈那样将它理解为严复主张优先国家的独立而认为"个人之自由"可以暂且牺牲,严复对"国群之自由"的强调实际上体现了他对建设一个现代法治国家的重要性的诉求。而当严复说"小己自由"尚非所急,意味着法治国家的建设为当务之急,而其结果必然是法律日渐完善,量化的自由必然减少。《政治讲义》中的"政界自由"的讨论与《法意》中此处的讨论是相对应的。

以上,从严复对"自治"的理解可以看出他准确地把握和理解了"治者与被治者的同一性"这一自由的本质。另一方面,他又将自由量化,认为政治自由与政府负责任的程度成反比,在放弃责任的放任政府下,人们反倒可以享受更多的不受管的自由。然而,严复显然无法容忍这种政府的放任专制和因此获得的自由。因此,他首先要求的是一个有责任的政府。

但是,对"有责任政府"的强调与法治之间显然存在着张力。因为,强调责任意味着对权力的积极行使,而法治则强调对权力的限制,特别是当自由被量化时就更是如此。准确把握了自治的精神的严复自然不会忽视这一点。对此,他所给出的回答可以从他关于民权的论述中观察到。

(三)民权——"真君民"

严复认为"国之所以常以常处于安,民之所以常免于暴

者,亦恃制而已,非恃其人之仁也。 恃其欲为不仁而不可得
也,权在我者也"①。 在他看来,民权通过建立良好的制度免
除暴政,是国家安泰的最重要的保证。 他高度赞赏西方社会:
"夫西方之君民,真君民也,君与民皆有权者也。 东方之君
民,世隆则为父子,世污则为主奴,君有权而民无权者也。 皆
有权,故其势相拟而可争……至于东方,则其君处至尊无对不
诤之地,民之苦乐杀生由之,使之不恤,其势不能自恤也"②。
相对于体现"真君民"关系的西方,没有民权的中国,人民的
命运总是被掌握在君主手中。 严复看来,中西相较,绝然不同
者"治人之人,即治于人者之所推举"③,通过民选体现的治者
与被治者的同一性正是民权的体现,这样的君民关系才是"真
君民"。 而与西方的法治相比,传统中国的法"以贵治贱",
是治者为仁可为民父母,为暴亦可以成为豺狼的"苟且"之
治④。 这种政治体制下的君民关系显然与民权保障下的"真君
民"关系绝然不同。

　　严复进一步以赋税为例来阐述民权。 严复指出,欧洲即使

---

① 王庆成、叶文心、林载爵主编:《严复合集 13》,台北:财团法人辜公亮文教基金
　会 1998 年版,第 316 页。
② 王庆成、叶文心、林载爵主编:《严复合集 13》,台北:财团法人辜公亮文教基金
　会 1998 年版,第 370 页。
③ 王庆成、叶文心、林载爵主编:《严复合集 12》,台北:财团法人辜公亮文教基金
　会 1998 年版,第 187 页。
④ 王庆成、叶文心、林载爵主编:《严复合集 13》,台北:财团法人辜公亮文教基金
　会 1998 年版,第 277 页。

在中世纪的黑暗时代，赋税财富本为民之所有，欲取而用之必得民之允诺。① 与此形成鲜明对比的是，韩愈在《原道》则说道，如果民众不交出租赋，"则诛"。 在贡租问题上，严复不禁想起中国的状况。 他意识到太平天国之乱，以及因对外战争的败北而需支付的赔偿金使得税赋十分沉重的状况，认为问题不在于不能征税，关键在于民权之有无。 他说："使其参用民权，民知公产之危，虽毁私家，不可以不救。 其立法也，为之以代表之议院，其行法也，责之以自治之地方，是其出财也，民自诺而征之，则所出虽重，犹可以无乱"②。 也就是说，只有设立象征民权的议院和实行地方自治使民权得以伸张，才能创造出知公德、爱公产之国家的国民。

总之，严复以民权来替代相对于国家社会的个人自由，高度评价体现了治者与被治者同一性的西方的"真君民"关系。 期待中国也能够建构"真君民"关系，以"群策群力"来应付国家所面对的危机。 而象征民权的制度正是议会。 可以说严复的通过"群策群力"来克服危机的想法与前述的郑观应等人力主通过议会实现"上下一心"的主张是相通的。 但是，在从近代民主主义的观点出发明确强调民权这一点上，严复的主张

---

① 王庆成、叶文心、林载爵主编：《严复合集 12》，台北：财团法人辜公亮文教基金会 1998 年版，第 158 页。

② 王庆成、叶文心、林载爵主编：《严复合集 13》，台北：财团法人辜公亮文教基金会 1998 年版，第 368 页。

区别于此前的其他议会论。 严复主张中的"民"明确地指向
交纳赋税的一般民众。 严复并没有使用"君民一体"的说
法，其体现治者与被治者的同一性的民主制度下的君民乃"真
君民"的认识，是对传统的"君民一体"的脱胎换骨的改造。
走在清末关于立宪讨论最前列的严复是在近代的文脉中来讨
论议会的。

那么，严复是怎样把握近代的代议制的呢?

二、"通"与制约——议会功能之两面

严复强调"有责任政府"，主张建立民权基础上的"真君
民"关系以实现"群策群力"等讨论，无一不与法治，及议会
制度相关。 议会制度无疑是三权分立的最重要的制度象征，但
有意思的是，倾心追求法治，讨论议会制度的严复却质疑孟德
斯鸠的三权分立理论，这意味着他不是在三权分立的制衡权力
的逻辑上讨论议会的。 严复为何质疑三权分立，他又是以何种
逻辑来阐述他的议会观的呢?

（一）"有道"＝法治!

首先，让我们看看严复对法治的观念。

严复认为:"宪即法","立宪"即"立法"①。 在《论法的精神》中,孟德斯鸠将政体划分为共和政体("公治""民主")、君主政体("君主""独治")和专制政体("专制")②这三种政体,严复认为,前两种是"有道之治",而最后的专制是"无道之治"。 对于他来说,同为君主制的"独治"与"专制"之间的最大区别就在于是有道还是无道。 他说:"所谓道非他,有法度而已。 专制非无法度也,虽有法度,其君超于法外。 民由而己不必由也"③。 也就是说,是否拥有超越于包括君主在内的所有成员之上的宪法,就意味着是否"有道"。

严复进一步将孟德斯鸠讨论的法与中国传统法家所说的法进行比较,以显示孟德斯鸠主张中的法的最高性的特征。 具体地说,尽管法家也主张君主依法统治,但其法不过是来束缚臣民用的"刑",即使有法也依然是专制。 与此相对,孟德斯鸠所倡之法,即使不一定参用民权,"上下所为,皆有所束"④。 换言之,即不是 rule by law,而是 rule of law 才是"有道"的。

正如史华慈指出的那样:"严复对法的关心不仅仅停留在把

---

① 王庆成、叶文心、林载爵主编:《严复合集 2》,台北:财团法人辜公亮文教基金会 1998 年版,第 472 页。
② 在《法意》中,被译为"公治""君主""专制",在政论《宪法大意》中被译为"民主""独治""专制"。
③ 王庆成、叶文心、林载爵主编:《严复合集 2》,台北:财团法人辜公亮文教基金会 1998 年版,第 473—474 页。
④ 王庆成、叶文心、林载爵主编:《严复合集 13》,台北:财团法人辜公亮文教基金会 1998 年版,第 36 页。

它作为变革的手段。 他为西方的法体系与法世界观所强烈地吸引，把它们看作是孕育出西方普罗米修斯式的爆发的诸要素的总体中不可缺的一部分"①。 对于严复来说，法治才是西方诸国富强的根本。

在西方近代思想的文脉中，法治的制度保障是三权分立，议会又是三权分立的象征。 然而在严复看来，自由与议会的关系也是截然相反的。 这是因为，体现民权的议院不是使政令宽简，而是"法制弥多，治民弥密"，民众的自由自然越来越少。也就是说，自由的多少与议院的有无亦成反比。 如果议会对严复来说，不似一般所理解的那样是体现和保障国民自由的机关，那他对议会又是如何理解的呢？ 对此，严复的看法十分明确，他认为议院的功能"不过政府所行，必受察于国民之大众耳。 夫苟如此，则又何必定用自由名词，而称其国众为自由之国众乎！ 但云其国所建，乃有责任政府足矣"②。 在这里，严复重视的是"有责任政府"（responsibility of government），而代表国民大众的国会正是监督政府使其负起责任的监督机关。 严复说道："立宪云者，要在国君守法已耳。 不必以立宪，而代表之议众遂成一制造破坏（政府）之机关也。 顾自吾党言，则

---

① Benjamin. I. Schwartz, *In Search of Wealth and Power：Yen Fu and the West*, London：Belknap Press. 1964, p. 151.
② 王庆成、叶文心、林载爵主编:《严复合集 6 》,台北：财团法人辜公亮文教基金会 1998 年版，第 61 页。

专制立宪之分端，以此等之机关有无为断"①。 议院是立宪的象征，它的作用就在于监督君主，使君主守法。

（二）三权分立"不可通"？

尽管严复推崇立宪制下的议会，但是他却质疑孟德斯鸠提出的为了限制权力应让权力互相制衡的三权分立论。 显然，严复关于议会的讨论不是根据三权分立的"制约"与"牵制"来理解的。

在一九○六年《外交报》上发表的《论英国宪政两权未尝分立》一文中，严复认为，征之历史与现实中各国实施的状况，"孟说确有其不可通者"②。 从前后文的脉络来看，严复质疑的显然就是三权分立制。 严复还特别举出法国的例子，认为法国正是由于忠实地实行了行政权与立法权不相混的三权分立，使得行政与立法相互对立，"莫通其邮"，结果使国家陷入了大动乱之中。

如何理解严复对孟德斯鸠的理解？ 或可从同一时期严复的其他译著中寻得其线索。 前面提及，在翻译《法意》期间，严复还翻译了甄克思的《社会通诠》，并编译了希利的《政治科学

---

① 王庆成、叶文心、林载爵主编：《严复合集 2》，台北：财团法人辜公亮文教基金会 1998 年版，第 490 页。
② 王庆成、叶文心、林载爵主编：《严复合集 2》，台北：财团法人辜公亮文教基金会 1998 年版，第 460 页。

导论》。 同一时期还发表了基于希利的前述著作写就的《论英国宪政两权未尝分立》及其续篇。 严复在翻译《法意》的过程中又腾出手来关注别的著作，定有其用意。 这两部著作应与《法意》之间存在着某种关系。 就《社会通诠》而言，史华慈业已指出它是对《法意》的一种补充①，那么是否可以说，编译希利的著作同样是一种补充呢？ 如果是，那它又是对什么的补充呢？

笔者认为，对这个问题的回答可以在《政治讲义》和《论英国宪政两权未尝分立》及其续篇中找到。 从其题目就可看出，严复是借用希利的学说来说明英国的国制与孟德斯鸠的三权分立论不相符，强调实际在英国，立法与行政的宪政二权并未分立。 也就是说，严复试图通过希利的主张来对孟德斯鸠的三权分立论进行修正性的补充。

孟德斯鸠在谈及英国的政治体制时，在洛克主张的基础上展开了他的三权分立论。 他认为"立法权和行政权如果集中在一个人或一个机构的手中，自由便不复存在"②。 严复在忠实地译出孟德斯鸠的原意的同时，一方面又借由希利的理论来说

---

① 史华慈认为，甄克思的单线式进化论对于严复来说，"具有修正孟德斯鸠在分析中的静态的、非进步性的性格"，参见 Benjamin. I. Schwartz, *In Search of Wealth and Power: Yen Fu and the West*, London: Belknap Press. 1964, p. 151.

② [法]孟德斯鸠:《论法的精神》，许明龙译，北京：商务印书馆 2012 年版，第186 页。 严译原文为"故其国宪政二权合而归之一君，或统之以一曹之官长者，其国群之自由失矣"，参见王庆成、叶文心、林载爵主编《严复合集 13》，台北：财团法人辜公亮文教基金会 1998 年版，第 273 页。 此处的"自由"，严复翻译为"国群之自由"。

明，英国的立法权与行政权并未分立。

在详细阐述议会观的《政治讲义》中，严复认为，一国之中不仅有"治者"（the government）①与"受治者"（the governed），在二者之中还有"扶治"（the government-supporting body）。所谓"扶治"，即"建造、扶持、破坏政府的权力"（government-making power）。这种权力（power）无论哪个国家都有，但在当时中国这样的专制国家中所缺乏的是"扶治"的机关（government-making organ）。这里的扶治机关指的就是议会。严复说："立宪之国会，于国事无所不问也。其实乃无所问，要在建造、扶持、破坏见行之政府，以此为天职而已"。②而在他看来，英国的议会正是"成毁政府之机关"③。这显然不是基于孟德斯鸠的三权分立论所理解的立法机关。在文中，严复对英国政治的实际状况做了进一步论述。

一方面，内阁在名义上虽然是行政机构，而实际上，行使执政权的内阁在立法过程中也掌握主导权，发起所有政策与法令，其立法的权力高于议会。议员在立法上仅仅是对此进行讨论，各抒己见，各表赞同或反对之意。④因此，严复认为，名

---

① 希利原著中所对应的原文。下同。
② 王庆成、叶文心、林载爵主编：《严复合集 6》，台北：财团法人辜公亮文教基金会 1998 年版，第 100 页。
③ 王庆成、叶文心、林载爵主编：《严复合集 2》，台北：财团法人辜公亮文教基金会 1998 年版，第 470 页。
④ 王庆成、叶文心、林载爵主编：《严复合集 2》，台北：财团法人辜公亮文教基金会 1998 年版，第 466—467 页。

义上是议院立法，但实际上主导立法的是首相，他的权力来自于议会。另一方面，英国政府的施政均要经过议会讨论。议会最大的权力在于监督行政，它的作用实存于"禁制（veto）"①，即拥立或改废政府的权力。在严复看来，这样的权力毋宁说近于执行政治的权力。

严复认为，如果英国的国政如孟德斯鸠在《论法的精神》中所说的那样，将内阁诸行政大臣排除在议会之外，那么，它的整体早就崩坏散架了②。因此，英国的宪政实际上并未分立。严复认为，如果忠实按照三权分立的原则来实施的话，内阁与议会之间就会产生很大鸿沟，"莫通其邮"。这种互相牵制掣肘会妨碍各个政治机关间的"通"，对政治是有害的。因此，英国的议会内阁制于国家要政，自始就无畛域可言。③所以，他说，英国的宪制"于立法、行法二者之权限固至严，然而有调剂之术焉。故有以收人才之用，而又有以通二权之邮，使常相资，而无至于相轹，是则英之宪法而已矣"④。

相反，忠实遵循孟德斯鸠的三权分立的法国宪政，从一开始行政与立法就相互对峙，结果导致政治混乱。因此，严复才

① 王庆成、叶文心、林载爵主编：《严复合集 2》，台北：财团法人辜公亮文教基金会 1998 年版，第 468 页。
② 王庆成、叶文心、林载爵主编：《严复合集 2》，台北：财团法人辜公亮文教基金会 1998 年版，第 460 页。
③ 王庆成、叶文心、林载爵主编：《严复合集 2》，台北：财团法人辜公亮文教基金会 1998 年版，第 466 页。
④ 王庆成、叶文心、林载爵主编：《严复合集 2》，台北：财团法人辜公亮文教基金会 1998 年版，第 461 页。

认为"孟说确有其不可通者"。

（三） 英国宪制的借鉴

事实上，严复经由希利的著作所理解的关于英国议会政治的见解，在十九世纪的英国绝非个例。 日本学者远山隆淑在考察了英国的白哲特（Walter Bagehot, 1826—1877）的议会观后指出，"内阁的地位，以及行政和立法相分离是与事实相反的认识，这在当时也都是广泛的共识"①。 可以说，与希利同时代的白哲特也持有相同的看法。

白哲特在其《英国宪制》中指出，将英国政治体制的成功描述为三权的完全分立和权力间制约与平衡（check and balances）的结果是错误的②。 他说："英国宪制有效率的秘密可以被描述为行政权力与立法权力的紧密联合和几乎完全的融合"③。 正因为这样的融合，权力得到统一，宪法上的主权单一，宪法得以良好地运作且坚固。 在白哲特看来，这正是英国宪法的优点。 严复对英国国制中的"宪政二权"间的"调剂之术"的认识正与白哲特的这一观点相符。

---

① 远山隆淑：《妥协の政治学——英国议会政治の思想空间》，东京：风行社，2017 年，第 117—118 页。
② ［英］沃尔特·白哲特：《英国宪制》，［英］保罗·史密斯编，李国庆译，北京：北京大学出版社 2005 年版，第 1—2 页。
③ ［英］沃尔特·白哲特：《英国宪制》，［英］保罗·史密斯编，李国庆译，北京：北京大学出版社 2005 年版，第 9 页。

白哲特认为，英国的制度并非立法权吸收了行政权，而是二者的融合——内阁制定法律并执行它。因此，在实质上，内阁自身就是立法机构。另一方面，立法机构在名目上是为了制定法律而被选出的，实际上却是以组建行政机构并维持它为主要任务的。这一认识，无疑正是希利所说的"建造、扶持、破坏政府的权力"（government-making power）。

白哲特讨论英国宪政的时代，是产业革命给英国带来繁荣的时代。伴随着新兴中产阶级的成长和工人阶级的权益的扩大，一八六七年第二次选举法的改革大幅度地扩大了选举权，政治民主化也得以扩展。因此，如何将这些新兴的政治参与者们纳入国家政治的运作中是时代的重要课题。作为辉格党的一员，白哲特认为"自由的统治"（free government）是使英国避免发生像法国那样的政治动乱的重要价值。为了使这一价值在现实中得到实现，辉格党在强化名望家的领袖功能的同时，极力通过政治制度来维持多样性，以使英国国政维持政治秩序的统一性。而为了保持多样性，"融合"与"妥协"必不可少，白哲特的主张正是为了对应同时代的英国所面临的课题而提出的。严复留学英国期间所切身体会到的正是这样一个社会。

综上所述，严复通过对英国宪制的考察，明确了英国宪政中的两个特征。第一，英国的立宪制不同于孟德斯鸠所阐述的三权分立论，行政权与立法权并未严格地分离，它一方面严格规定立法与行政之间的不同权限，另一方面，二者间又有相互

"调剂之术"，使得立法与行政二权得以相通相资，而非相互牵制。严复想强调的并非三权分立中的权力的相互牵制，而是权力间的相资与调和。这一点，不仅对理解基于中国传统文脉中的议会观十分重要，同时也让我们认识到，三权分立论原本是有它的潜在前提的，即对权力的牵制制约并非其唯一目的，议会同时还有一个重要目标，就在于它是协调各方力量、实现调和的机关。而这一点，往往在三权分立的教条化中被遗忘。

第二，与此相关，议会的意义与其说是在立法，更是在于它作为代表民权的机关，其作用实质上在于"禁制"，即组建、维持，以及破坏政府的功能。严复说："当孟之时，特胚胎耳，固难见也"①，指出了时代对孟德斯鸠的制约。

由以上可知，严复在翻译《法意》的过程中，他一面忠实地译出了孟德斯鸠的三权分立论，另一面，对其中感到疑惑的方面他从希利的英国宪政论中找到了答案。立宪政治中的国会首先是一个"扶治"机关，立法权和行政权亦非互相牵制，而是互相调和、保障政治运作过程中的"通"。严复结合希利的理论对孟德斯鸠的三权分立论做出了修正性的补充。

严复作为对中国的现实政治有着深切关怀的思想家，他的政治思想与主张自然与现实政治密不可分。白哲特、希利的宪政观自有其时代背景，他们的主张也是对时代课题的回应，那

---

① 王庆成、叶文心、林载爵主编：《严复合集 2》，台北：财团法人辜公亮文教基金会 1998 年版，第 470 页。

么与他们产生共鸣的严复基于对同时代的中国政治状况又有什么样的认识？他是如何通过这种宪政观来应对时代课题的呢？

三、 宪政的中国逻辑

（一）从"放任"到"责任"，从"掣肘"到"制约"

严复对西方的立宪制度的选择性理解可以说与他对中国政治状况的认识是息息相关的。归结起来，可以从政府的放任与权力间的掣肘这两方面来看。它们不仅是严复面对的时代问题，同时还是一个具有历史连续性的课题。

首先，是政府的放任的问题。严复认为，与西方的君主专于作君不同，还未结束宗法社会阶段的中国，君王同时还兼以作师、为民父母。君王的责任无穷。人民在仁君之下为其子民，在暴君之下则为其奴隶，对于国政无丝毫权利可言，"中国之言政也，寸权尺柄，皆属官家"①。当拥有无限权利的君王、政府负起君、父、师的无限责任时，没有权利的子民无可逃于虎狼之君主；而当君主、政府放弃责任时，则成放任

---

① 王庆成、叶文心、林载爵主编：《严复合集 12》，台北：财团法人辜公亮文教基金会 1998 年版，第 174 页。

政体。 关于放任政体，如前所述，同为清末的章炳麟在反对代议制时主张，政府的放任使人民得以享受自由。 但是，严复却无法接受这样的观点。 严复严格地区分自由与“无遮之放任”①，对他来说，不负责任的政府在国家处于危急存亡的情况下是必须要避免的。 君主总是处于无限责任的专制与放任这两种极端的危险之间。 因此，对于严复来说的政治课题就在于如何避免君主的专横及其对立面的不负责任的放任。

第二个方面，是旨在掣肘的官僚体制导致人民与官僚“各恤己私”的问题。 在这一点上，严复高度评价孟德斯鸠，认为他批判中国的人民在所有事上都是各顾其私乃一针见血。 严复认为，中国之民“各恤己私”是因为法制与教化。 在西方，属于个人之事，可以自由行事，非他人所可过问，而涉及国家之事，则人人皆得而问之。 而在中国则相反，国家社会之事唯有君主官僚得以问之，与民众无关。

“各恤己私”的现象在官的层面也同样可以观察到。 各省的都督视他省如他国，郡邑亦如此。 所有官僚都只是追求眼前的利益，对其他皆不关心，无人从大局着眼，立长久之计。

对于这种“各恤己私”现象，我们可从严复的论述中看到他的思考。 在《法意》关于风土的讨论部分，孟德斯鸠在书

---

① 王庆成、叶文心、林载爵主编：《严复合集 13》，台北：财团法人辜公亮文教基金会 1998 年版，第 270 页。

中设有《人造工程》的一个短章节，其中，孟德斯鸠以波斯人为例，论述道："人类的辛勤劳动和优良的法律，使地球变得适宜居住"①。严复将这一章的标题翻译为"民力"，并在此章的译文后面加上了比这一章原文还长的按语。严复指出：原本，人们热爱生长于斯的土地是自然之情，但是君主政府"钤制其民"，使之无所作为；一方面将全部权力授予官僚，却又设立各种制度加以掣肘、钳制，"视此如传舍之人，使主其地，而又以文法之繁，任期之短，簿书而外，一无可施"②。所以在当时中国这样的专制国家中，"其立法也，塞奸之事九，而善国利民之事一"③，以此方法绝无使国家进化之理。握有无限权力的政府通过剥夺民权，限制官僚，结果使得无论人民还是官僚都各为其私，导致"通国之民不知公德为底物，爱国为何语"④。

因此，严复主张改革必自官僚制开始："所行之事，诚宜使便国者居其七，而塞奸者居其三"⑤。鉴于中国官僚制的现实，严复质疑旨在"塞"的制度，可以说，这正是他对以制衡

---

① ［法］孟德斯鸠：《论法的精神》上卷，许明龙译，北京：商务印书馆 2012 年版，第 332 页。

② 王庆成、叶文心、林载爵主编：《严复合集 14》，台北：财团法人辜公亮文教基金会 1998 年版，第 456 页。

③ 王庆成、叶文心、林载爵主编：《严复合集 13》，台北：财团法人辜公亮文教基金会 1998 年版，第 278 页。

④ 王庆成、叶文心、林载爵主编：《严复合集 14》，台北：财团法人辜公亮文教基金会 1998 年版，第 457 页。

⑤ 王庆成、叶文心、林载爵主编：《严复合集 13》，台北：财团法人辜公亮文教基金会 1998 年版，第 278 页。

权力为旨的三权分立表示怀疑的根本原因。中国政治中的相互掣肘的传统使严复认识到监督、排奸固然重要，但当务之急在于建立一个有责任的政府。

基于以上认识，严复认为解决问题的关键只有确立民权。良好的制度必由其民自为之，只是等待他人之仁，我则不可得。就令得之，也仅能说明其君为仁君，但制度并未成为仁的制度①。也就是说，良好的制度是出自民权的。严复认为，在立宪的国家中，官吏虽然不断更替，其国依然可存，自有存之的主人，"主人非他，民权是已。民权非他，即为此全局之画，长久之计者耳"②。民权的有无是在竞争中分出优劣的关键。

严复同时还从制度方面具体地考察了民权。为了改变人各顾私，不知公德的人民的现状，他认为："居今而为中国谋自强，议院代表之制虽不即行，而设地方自治之规，使与中央政府所命之官和同为治，于以合亿兆之私以为公，安朝廷而奠磐石，则固不容一日缓者也"③。官民"和同为治"，"群策群力"对严复来说乃是刻不容缓的课题。或可以说，这也是经过近代意义上的脱胎换骨后的"君民一体"和"上下相通"。

---

① 王庆成、叶文心、林载爵主编：《严复合集13》，台北：财团法人辜公亮文教基金会1998年版，第316页。
② 王庆成、叶文心、林载爵主编：《严复合集14》，台北：财团法人辜公亮文教基金会1998年版，第468—469页。
③ 王庆成、叶文心、林载爵主编：《严复合集14》，台北：财团法人辜公亮文教基金会1998年版，第457页。

（二）封建与自治之别

上述的严复对现实中的官僚制的批判令人想起明末清初的顾炎武。这是因为，严复的批判与顾炎武指出的郡县制下的官僚制所导致官僚无所作为的弊病异曲同工。不仅如此，顾炎武在传统的"封建、郡县"结构里，主张寓封建之意于郡县之中，主张以"众治"替代"独治"，使官僚本土化，让他们成为"亲民"之官。严复也同样使用了"独治"和"众治"的理念，而对于严复来说，议院正是体现了"众治"的机关①。事实上，顾炎武所主张的"封建之意"可以说是一种传统的地方自治。因此，主张实施地方自治制度是当务之急的严复自然也不会不提及顾炎武。

但是，严复将自己所主张的地方自治严格区分于顾炎武的"封建之意"。严复明确说道："地方自治之制，为中国从古所无。"中国传统中"三代"的封建制，不过是西方的封建之制，而非自治。因此，"往顾亭林尝有以郡县封建之议，其说甚健，然以较欧洲地方自治之制，则去之甚远也"②。二者之间的本质不同可归结于两点。首先，西方民选制度所体现的

---

① 王庆成、叶文心、林载爵主编:《严复合集 2》,台北: 财团法人辜公亮文教基金会 1998 年版, 第 457 页。

② 王庆成、叶文心、林载爵主编:《严复合集 12》,台北: 财团法人辜公亮文教基金会 1998 年版, 第 187 页。

治者与被治者的同一性，即使是圣贤也从未想过，它是区分封建与近代的地方自治的决定性的分水岭。其次，严复也与顾炎武一样使用"独治"和"众治"，但是他们的内涵却存在着本质不同，特别是"众治"。顾炎武所说的"众"，意味着多设"小官"，而小官之下的民并不在其视野之中。这些小官，如果换个视角，就完全可能是章炳麟所批判的"豪强"。与此相对，严复所说的"众治"则意味着治者与被治者享有同一性的民权。在重视民权这点上，严复与章炳麟具有相同的立场。

凸显这一点的是严复对终结了封建制的法家的评价。《社会通诠》著者甄克思在讨论西欧的封建制时写道："前之所谓地主者，受国疆寄，主其地之治者也。后之所谓地主者，以所寄者为己有，以其地为己之产业，而主其地之治也"。对此，译者严复在按语中写道："读此乃悟商鞅、李斯其造福于中国之无穷也，使封建而不破坏，将中国之末流亦如是而已矣。抗怀三代之治者，其知之？"①

可以说严复的评价与柳宗元严格区分"政"与"制"，并主张"制"的重要性的观点颇为相近，不过，与柳宗元相比，对已跳出封建、郡县二元论架构的严复来说，能体现"公天下"的制度不是郡县制，而是近代的议会制度。而顾炎武主张的

---

① 王庆成、叶文心、林载爵主编:《严复合集12》，台北：财团法人辜公亮文教基金会1998年版，第123页。

"封建之意"的传统自治，以及关于强化封建、宗法社会功能的主张，对于严复来说就更是不值一提了。

通过大量翻译西方近代思想家的著作而自我武装了的严复，面对中国的现实提出了自己的政治构想。他所面对的中国官僚制的缺陷也是顾炎武等先贤所面对的政治课题，也正是因为中国的这一政治现实，使他质疑孟德斯鸠的三权分立理论。但是，在近代的地平线上构筑其政治构想的严复当然不会停留在传统的封建、郡县论的结构中，他从治者与被治者这一近代民主主义立场出发，主张以民权为前提的地方自治和代议制。这一近代性使他的主张在本质上区别于顾炎武等先贤。

在国家的独立受到威胁的情况下，如何唤起人民的公德心，使他们实现近代意义上的"上下一心"？面对着这样的现实课题，严复认为反映了民权的议会制度作为"扶治"机关是应对这一课题的重要装置。即便议会制度无法立刻实行，当务之急是实施地方自治。地方自治是为了实现官民"和同"而治的重要方法。在严复的政治构想中，无论是议会制度还是地方自治制度都同样贯穿着中国政治传统中的"通"的思维。同时，对严复来说，民权与实现治者和被治者的同一性的制度才是实现政治上的"通"的终极手段。

（三）自由与民权之分

严复的主张中的民权与象征民权的议会机关互为表里，这一点在近代日本也同样能够观察到。 明治初期在日本展开的自由民权运动的发端就是向政府左院提交了民选议院建白书。 但是，与日本不同的是，严复有意识地区分使用自由与民权，可以说，这是严复的立宪思想的一个独特性。

在明治初期的日本，一方面有像福泽谕吉那样的启蒙思想家提出"一身之独立以至一国之独立"等口号，大力宣传近代西方思想中的个人自由、独立的主张。 而另一方面，正如丸山真男在谈到明治维新时所说的那样："从当时的进步知识分子身上，我们可以看到积极的，也就是创造规范的自由观，尽管还不够彻底。 然而，当文明开化的口号像风暴一样席卷了维新后的社会时，它却表现为在旧体制下被压抑的人们的感性，自然地、毫无拘束地泛滥。"①尽管当时启蒙思想家大力宣传政治言论自由，但是流行于社会的却是人们在感性上的解放后带来的享乐主义价值观和色情文化的泛滥。 这种感性的快乐主义人生观与具有主体性的自由精神之间的混淆现象，即使是像明治时代的著名民权思想家植木枝盛也未能幸免。 可见，理解与接受在西方历史中形成的自由价值的并非易事。

反观严复，他一方面强调民权，而将自由量化为与法令、管束相对的概念以区别于自由主义式的个人自由，其背后，是因为他深知自由往往会被理解为不受限制的放任，他无法接受

---

① 丸山真男：《戰中と戰後の間》，みすず书房，1976 年，第 303 页。

章炳麟式的因政府的放任而得到的自由。 相反，严复主张通过
代表民权的议会制度使政府成为一个有责任的政府。 可以说，
严复构想的是在保障民权的前提下选出有责任的政府，实现治
者与被治者同一性的"君民一体"，建立官民和同、共济国难的
体制。 换言之，在严复看来，在放任专制的中国，当务之急是
建立起能负起责任的政府；在外压下追求富强的课题面前，首
要的不是自由主义式的"消极自由"，而是通过倡导民权，确立
"积极自由"来实现治者与被治者的统一。

在此意义上，相对于个人自由，严复更强调"国群之自
由"。 但重要的是，对严复来说，"国群之自由"不仅仅狭义地
指保持国家独立，严复通过这个概念想强调的是法治国家建设
的重要性，量化了的自由与"国群之自由"从不同方面体现了
严复对法治的持之以恒的关心和追求。

另外，从严复区别使用自由与民权也可以看出他的一个战
略。 严复在了解了卢梭关于代议制的批判①的基础上，依然强
调在中国确立代议制的必要性。 严复知晓卢梭认为代议制下人
民只是在选举时才获得一时的自由的批判观点，比起将代议制
看作自由的象征，他更强调民权的重要性。 如果不是用民权，
而是从穆勒式的"个人自由"的角度来探讨立宪政治，在自由
主义的视野下，个人的自由与君民的"和同""群策群力"在中

---

① 王庆成、叶文心、林载爵主编:《严复合集 2》,台北: 财团法人辜公亮文教基金
　会 1998 年版，第 476 页。

国的语境下必将产生强烈的张力。 相反，从民权的角度进行论述的话，对于国家的独立与自由来说所不可或缺的"群策群力"、君民"和同"在价值取向上并不矛盾，也更具有说服力。当然，需要强调的是，严复所主张的议会的"群策群力"、君民"和同"是在治者与被治者的同一性这一近代意义上的"真君民"的前提下展开的。

严复通过对西方近代思想的独特解释，针对中国的现实提出了自己的政治构想。 他说："制无美恶，期于适时；变无迟速，要在当可"。① 从英国的历史来看，权利由国王向贵族，再向富裕者扩大直至终得民权之实，所以法的建设不在于求其名，而在于求其实。 他认为，立宪并非难行之制，无论大小社会皆可行，只要运用得好，都可以收"群策群力"之效②。 在中国的"民力、民智、民德"的现状与近代的理念间存在着巨大反差的情况下，严复并不因此过于悲观，他构想着通过确立民权来实现"真君民"，在制度上通过确立地方自治制度最终实现代议制的体制。

严复的主张在其后的国会请愿运动中得到了发扬。 一九〇七年，杨度倡"速开国会"论，又在梁启超等知识分子的大力推动下掀起了清末的国会请愿运动。 杨度与梁启超主张速开国

---

① 王庆成、叶文心、林载爵主编:《严复合集 2》,台北: 财团法人辜公亮文教基金会 1998 年版, 第 474 页。

② 王庆成、叶文心、林载爵主编:《严复合集 2》,台北: 财团法人辜公亮文教基金会 1998 年版, 第 479 页。

会时的理由，首要就在于要将"放任政体"下的无责任的政府改造成为有责任的政府。 清末的立宪因辛亥革命的爆发无果而终，但是其过程中的围绕立宪的讨论，作为重要的思想资源即使在今日依然有其现实意义。

第五章

梁启超对自然法的『发现』

——中国法理学的思考

前面的章节以严复为中心，考察了清末对西方法治思想以及以议会为象征的立宪制度的理解和讨论，阐述了贯穿于其中的传统的"通"的政治意识，它也是近代中国知识分子构想立宪政治的中国逻辑。 本章将以梁启超为中心，从另一个传统，即儒家的"自然法"角度出发，通过与西方自然法的比较，探讨梁启超的法治思想的中国特色。

一、 两个法典论争

从制度的近代化来说，近代东亚对西方的接受，其课题无疑就在于如何确立立宪政治。 对近代西方的法的继受不仅仅停留在编纂近代法典上，它同时意味着接受包括近代法的思维方式这一广义上的"法学"，因此，接受西方近代法的过程本身就是一种文化运动。 法的近代化可以说是一个新旧更替的过程，但是这一过程显然绝非单纯地以新换旧，作为一种文化运动，围绕新旧法之间的交锋和对话不仅在中国，在其他非西方地区也是常见的现象。

例如，一八九〇年日本公布了民法典（通称"旧民法典"）。 它的编纂是在法国的法学家博瓦索纳德（Gustave Émile Boissonade de Fontarabie）主导下进行的。 然而，法典在要施行时却引起了很大的争论。 主张延期施行法典的人认为，由西方人起草的法典没有充分考虑到日本固有的文化和习惯，特别是对于法典具有的近代家族法的性格，法学家穗积八束（他后成为第一次世界大战前日本的家族国家观意识形态代表人物）更是在题为《民法出而忠孝亡》的文章中对此法典批判道："（法典）视三千年来的家制如弊履，双手相迎极端个人本位的法制"①。 穗积八束的论调代表了"国粹派"的心情。 结果，在一片发对声中，民法典不得不延期施行。 穗积八束之兄——被称为日本最初的法学者的穗积陈重也加入此争论中来，与八束不同的是，他是从法理学的角度把争论的性质比作德国的自然法学与历史法学之间的争论，从历史法学的立场出发，强调国民感情的重要性，主张法律制度不能没有历史。 延期施行法典后，他被指定为新民法的起草者之一。

---

① 星野通编著：《复刻增补版 民法典论争资料集》，东京：日本评论社，2013年，第84—85页。

　　类似明治时期日本的论争在当时的中国同样也可以观察到。 一九〇六年，在清末的法制改革过程中，沈家本和伍廷芳等人起草了《刑事民事诉讼法》草案。 这个草案很快引起了"法理派"与"礼教派"之间的对立。 双方围绕"正当防卫是否适用于子孙受到尊亲属侵害的场合""无夫奸应否定罪"等问题展开了激烈的争论。 法理派认为，以长辈对子孙的教令权来限制正当防卫的权利，以及将非婚男女之间的性行为治罪等旧律都是家族主义的产物，与近代国家原则不相容，而将旧有的刑法近代化与西方各国并轨是争取改正不平等条约、废除领事裁判权的必要条件，因为西方各国认为中国旧有的刑法是非文明的。 相对于此，礼教派虽然同样认为引进西法对积弱的中国是不可或缺之举，但他们主张应该立足于中国的习俗来立法，二者围绕着传统的礼教展开了辩论。①

　　以上中日在继受近代西方法的过程中引起的争论不能单纯地把它理解为近代与传统、先进与落后之争。 可以说，在接受西方的过程中，围绕着如何保持本土的历史文化是知识分子们的共同课题。 同时，需要注意的是，无论倾向传统还是近代，他们在编纂近代法典这一目标上是一致的，法律的近代化对他们来说是一个不可动摇的前提。

　　围绕刑事诉讼法展开论争的一九〇六年，在近代中国的政

---

① 有关这个论争的详细情况及其分析参见梁治平《礼教与法律——法律移植时代的文化冲突》，桂林：广西师范大学出版社 2015 年版。

法史上是不寻常的一年，这一年清廷发布了"预备立宪"的诏敕，正式开启了近代的立宪进程。 也是在这一年，梁启超写就了《中国法理学发达史论》(以下简称《发达史论》)的长文。梁启超从法理学的角度对中国的法的历史及传统进行考察，探讨了礼与法、自然法与实定法，以及近代的法意识与传统的关系。《发达史论》可以说是中国法理学的滥觞。

梁启超在变法失败流亡日本后，作为言论领袖始终引领着清末关于宪政的讨论，其著述活动始终与同时代的政治现实紧密相关，可以想象，作为一位对现实政治十分敏感的政论家，梁启超创作这篇长文显然与这一年的预备立宪和法典论争不无关系。 这一时期，梁启超发表的《发达史论》和《论中国成文法编制之沿革得失》，据他自己说明，后者原本是作为前者的附录而作，因过长且讨论超出了法理学的范围，才将二者拆开，各自为篇。

从文章内容可以看出，梁启超此文的写就，直接受到了日本法学家穗积陈重在这一年年初发表的题为《礼与法》的论文的启发。① 实际上，《发达史论》的"法理学"一词译自Rechtsphilosophie，这一译词正出自穗积陈重之手。 对于陈重来说，法理学与法哲学并不同义，后者是一个专业领域，而法理学作为广义的法学，是各个领域的实践法学(如宪法学、民

---

① 陈重的论文发表在《法学协会杂志》第 24 卷第 1、2 号上，出版时间分别为 1906 年 (明治 39 年) 1 月和 2 月。

法等）的前提①。 在《发达史论》中，梁启超也正是在此意义
上展开他关于中国法理学史的讨论的。 文中，他直接引用了穗
积陈重的论述，文章的主旨受到了陈重的《礼与法》的很大启
发。"自然法"一词可以说是贯穿了文章的关键词，梁启超明
确地在自然法的基础上系统地讨论了中国的法治问题。 本章将
以梁启超的《发达史论》为中心，考察梁启超是如何借鉴穗积
陈重的研究，并通过西方近代自然法的视角来把握中国的法理
学的，以此探明梁启超在法理学上对中国法治的思考。

二、 西方的自然法与中国的课题

（一）自然法与法实证主义

自然法为何重要？ 因为近代自然法在西方近代的立宪主义
中具有重大意义。 以近代立宪主义为前提的近代主权国家由独
占政治权力的国家和自由、权利受保障的个人这两极结构构
成，采用权力分立制就是为了防止权力的滥用和保障个人的自
由权利。 但是，法是在政治权力主导下由立法者制定的，为

---

① 内田贵：《法学の誕生——近代日本にとって"法"とは何であったか》，东京：
　筑摩书房，2018 年，第 168 页。

此，如何排除权力者的恣意性便成为课题。 针对这一课题，自然法思想扮演了重要角色，现实中的实定法被置于自然法之下，自然法成为实定法的正当性的根据，对实定法起到牵制作用。

西方的自然法思想可以追溯到古希腊的斯多噶学派的哲学，其代表人物泽农（Zenon）从泛神论的立场出发，主张世界与神为同一实体，神是世界之灵，世界是神之形。 而将宇宙、世界统一起进行统治的是作为必然法则的理性（logos）。 这里所说的理性并非人的理性，而是与神相联系的客观存在的统治世界的法则，人类只能部分地分有这种理性。 同时，自然就是这一理性——必然法则（logos）——的显现。 自然作为统治整个宇宙的理性的显现，对于人类来说就是规范（nomos），人类遵守这一自然的理性被作为是美德和正确的生活态度。[1] 斯多噶哲学由于其主知主义的性格而与现实的政治社会脱节，但以上的自然法思想则通过罗马法中的万民法得以适用于现实的政治社会中。 到古代世界末期，自然法进一步与基督教相结合，确立了神的秩序对现实世界秩序的优越地位。 托马斯·阿奎那（Thomas Aquinas）把自然法看作是神的意志的体现，主张与自然和神相连的具普适性的自然法对实定法的约束性。 近代自然法则在继承了古代自然法的同时，又实现了质的转变。 十七世纪初，格老秀斯（Hugo Grotius）将自然法这一普适性规范

---

[1] 福田欢一：《政治学史》，东京：东京大学出版会，1985 年，第 58 页。

从神性中独立出来实现了世俗化，在他看来，自然法是由人的理性"发现"的法。也就是说，在他的自然法中已不需要由神来构筑合理的宇宙秩序。格老秀斯主张，自然法的根底里是人的社会欲求，即使没有神，只要人类还存在，自然法就具有普适性和正当性。① 这样，自然法一面对实定法保持其普适性规范的性格，一面又得以从与神的关联中独立出来。剥离了神性的自然法依然被作为比实定法高的规范，对实定法具有约束性。最终，英国的霍布斯（Thomas Hobbes）和洛克又在自然法基础上构建起西方近代政治原理。到了十七、十八世纪，近代的自然法成为西方市民革命的指导原理，在美国的《独立宣言》和法国的《人权宣言》中具体得到了体现。

然而，十八世纪后半期始，自然法论开始受到法实证主义的批判，到了十九世纪，法实证主义取代了自然法论，获得了压倒性的优势。西方法思想史中此二者间的对立结构一直延续至今。

自然法论与法实证主义因时代与论者的不同，见解也是多种多样，各有不同，但是二者间的争论可以说凸显了法与权力，以及法与道德的关系的根本问题。

首先是围绕着法与权力的问题。自然法论与法实证主义在为了防止权力（者）的恣意性，需要对权力（者）进行制约这点上是一致的，但是二者提出了截然不同的方法。自然法是将

---

① 福田欢一：《政治学史》，东京：东京大学出版会，1985 年，第 294 页。

实定法置于自然法这一具有超越性和普适性的正义与道德规范之下，通过自然法来制约法的制定，将自然法作为批判实定法的依据。 现代的自然法论当然已无法再通过神或自然来主张自身的超越性和普适性，但是通过将人权观念等道德原则作为超实定的原则将自然法置于实定法的上位来约束它，在思考的结构上是不变的。

相对于此，法实证主义则认为自然法的内容因其终究不过是人的主观愿望或政治意识形态，很容易为权力者所利用，他们拒绝在实定法之上设定道德规范加以限制，主张排除一切针对实定法的伦理上和政治上的价值判断，强调法的客观性与纯粹性。 但是，这种"恶法也是法"式的论断同样招致许多批判。 有学者认为，法实证主义将政治统治的正当性单纯地归结为合法性，也就是说，统治仅通过法这一技术性手段就可得以保证其正当性，这种仅从表面的国家功能来判断统治的正当性是危险的。①

总之，法实证主义在指出了自然法存在的问题的同时，自身的主张中也存在着陷阱。 如何通过法有效地限制权力者的恣意性实现社会正义，可以说是个永恒的课题。

第二个问题是关于道德与法的对立关系。 自然法通过将实定法置于彰显正义的道德规范之下而对实定法形成制约。 在阿

---

① ［法］夸克：《政治的正当性とは何か》，田中治男、押村高、宇野重规译，东京：藤原书店，2000 年，第 49 页。

奎那看来，理性的规则是正义的保证，而理性的首要规则就是自然法，他说道："由人制定的所有的法，只要它们是由自然法中导出的，可以说就具有法的本质（ratio legis）；相反，如果它在某点上偏离了自然法，就不再是法，而是对法的歪曲（coruptio legis）"①。十七、十八世纪的自然法思想更是设定了人类社会的自然状态，从自由的角度来理解权利观念，赋予人格的自由以道德价值。这种近代自然法权利思想最终成为现代人权规定的基础。

而法实证主义则站在实定法一元论的立场上批判自然法，最具代表性的当数凯尔森（Hans Kelsen）。他从实证主义与价值相对主义的立场出发，认为自然法试图从自然或神等存在中导出具有绝对性和普适性的正义规范，但被看作绝对规范的普适性的自然法，其内容实质上不过是个人的主观价值观乃至政治意识形态的产物。可以说，这一批判是对自然法论的根本怀疑。凯尔森严格区分道德与法，拒绝将自然法和道德权威作为法的效力根据之源。他从法工具主义立场出发，将法秩序去价值化，把法看作是特殊的社会技术。凯尔森提出"根本规范"来取代自然法，所谓根本规范，在他看来就是"'历史上最初的，大致要求依据具有实效的宪法行动、并依此对待人们'的

---

① ［意］托马斯·阿奎那:《神学大全》第十三卷，稻垣良典译，东京：创文社，1977年，第94页。

规范，不问依此宪法树立的法秩序是否合乎某种正义的规范"①。根本规范赋予实定法以正当性，它规定实定法效力的根据，但不规定效力的内容，在考虑实定法的效力时将正义规范置之度外。同时，对凯尔森来说，权利亦非个人先天拥有，不过是作为法的唯一根本功能的法义务的反映而已。②

以上自然法与实定法之争所反映出的法与权力的关系和法与道德的关系的问题贯穿于西方的法思想史中，它同时也是政治社会普遍需要面对的问题。事实上，在中国的法与政治传统中同样贯穿着这些问题，也同样能够观察到类似于西方的自然法与法实证主义之间的对立。

（二）中国法传统中的儒家与法家

在先秦的诸子百家中，关于法的看法，最为耳熟能详的对立莫过于儒家与法家之间的对立了。无论在重德治还是重法治、在以礼还是以刑来规范人的行为上，儒家与法家之间都形成了鲜明的对比。从现代的法治观念来看，一方面在儒家的"有治人，无治法"的德治传统中，法律绝无至高权威性；另一方面，法家虽然主张法治，但其主张的法治只是君主统治的工具，法同样不具有至高权威，对君主的权力制约，只能期待

① ［奥地利］凯尔森：《自然法論と法実証主義》，黑田觉等译，东京：木铎社，1973 年，第 153 页。
② 田中成明等：《法思想史（第二版）》，东京：有斐阁，1997 年，第 185 页。

他们的"自禁"。

不过,在儒家的视野下,君主权力受到"天视自我民视,天听自我民听"的"民贵君轻"的民本思想的约束,而这些政治道德上的要求又与"天"相连,成为约束天子,课天子以义务的具有超越性权威的价值理念,这一点,与法家将法作为工具的法一元主义形成了鲜明的对比。在此意义上,儒家与法家在理念上形成类似于西方自然法与法实证主义间的对立结构。

另一方面,如前所述,在历代中国的法实践过程中,儒家与法家实际上是结合在一起的,那么,遵奉"自然法"的儒家与属于法实证主义的法家是否构成互补的关系呢?

论及此问题的是日本自然法论者的代表人物——法学家田中耕太郎。田中在梁启超的《先秦政治思想史》中的讨论的基础上提出:"(中国)要作为一个近代国家强大起来,就必须从法家思想这一古来的遗产中吸收必要的养分"[①]。在此田中意识到法家强调"标准"的法律观、重视法的安定性,以及法的统一的思想。田中认为"法家赋予了法世界以特异的文化使命",并肯定其意义。但田中同时也指出:"它(指法家——引用者注)陷入了将法绝对化的法万能主义。它不光主张法与道德之间的区别(Sonderung),更是主张二者的绝缘

---

① 田中耕太郎:《法家の法実証主義》,东京:福村书店,1947年,第103页。

（Trennung）"①。 田中认为，法家不考虑法的目的，一味强调法的安定性，"欠缺道义上的要求"，立足于机械的、唯物的人生观。 在认识到传统法家具有正反两面的基础上，田中主张："今后的问题在于要力图儒家与法家、王道与霸道的两个立场间的提携与调和，且此种企图并非不可能。 这正是在法与道德、自然法与实定法之间架桥的法律哲学问题"②。

田中在中国的法传统的基础上提出了儒家与法家、道德与法，以及自然法与实定法之间的架桥问题。 这里的儒法之间的调和问题表面上看是中国法传统中的儒法结合，但是，应该注意到的是，这一意义上的儒法结合与春秋决狱式的传统的儒法结合有着本质的不同。 田中提出自然法与实定法之间的架桥问题基于西方近代法思想，它与序章提及的"礼法文化"传统中的"道德的法律化"和"法律的道德化"将道德与法律相混淆是完全不同的，它们之间的本质区别就在于田中所说的"架桥"是在近代的法治的前提下思考如何保持法的正当性的。

同时，我们又不能忽视儒家自然法与西方自然法之间的共通性。 即它们被置于优越于现实中的政治权力以及在权力主导下制定的法律之上，对它们起到了制约的作用。 对于西方法实证主义中的将政治正当性简单地等同于合法性的陷阱，自然法

---

① 田中耕太郎：《法家の法実証主義》，东京：福村书店，1947 年，第 95 页。
② 田中耕太郎：《法家の法実証主義》，东京：福村书店，1947 年，第 107 页。

思想起到了有力的批判作用。 在《发达史论》中，梁启超正是通过"发现"西方的自然法来扬弃传统法家的法实证主义，并在此基础上展望中国的法治的。 那么，在文中梁启超是如何认识中国传统中的自然法的呢?

（三）作为"变革原理"的自然法

西方的自然法在其漫长的历程中实现了由神性走向世俗化的质的转变，发展成为构成西方近代政治的理论基础。 相反，以《周易》为代表的儒家自然法思想及其思维模式在近代化过程中往往被看作是负面意义的传统。

对于儒家的自然法，丸山真男曾指出它所具有的两极指向性。 儒家的自然法对现实中的社会秩序起到两极的作用，即"要么固守自然法的纯粹理念性对现实中的秩序构成变革的原理；要么使自然法与事实上的社会关系全面合一，成为保障这一社会关系的永久性的意识形态"。 丸山一方面认为儒家自然法确有其作为"变革原理"的一面，同时又认为其自然主义"使得自然法的纯粹的超越性理念性格变得甚为稀薄"①。

固守自然法的理念之所以能成为现实秩序的"变革原理"，就在于《周易》中的宇宙世界秩序处于动态的变易之中，

---

① 丸山真男:《日本政治思想史研究》，东京: 东京大学出版会，1952 年，第203 页。

它一方面虽然规定了上下的秩序，而另一方面，这一秩序在变易中是不断更替的，"汤武革命"的改朝换代也是顺天应人、合乎自然更替之理的。进一步说，变革之所以能顺天应人，就在于革命是和与"天理"为一体的儒家中以仁为中心的道德价值观相符合的。

丸山认为，朱子学将德川封建体制看作先天存在的自然秩序而加以正当化并固化，起到了体制意识形态的作用。① 与此相反，江户的儒学者荻生徂徕则克服了朱子学的这种"自然"思维的逻辑，创造出"作为"的近代思维。丸山认为，徂徕把儒家思想中体现了具有超越性价值的"道"（规范）的礼乐制度外化为政治统治的工具。不仅如此，他还否定将"道"等同于天理、自然，认为"道"是人工的产物，而圣人则是它的制作者。丸山认为，徂徕的这种"作为"的思维模式为具有主体性的人的形成开辟了道路。这是因为，在西方近代政治原理中，作为政治社会的国家并非天然而成的，而是通过个人间的契约，即通过主体性的"作为"而形成的人工的国家共同体。

徂徕的思想与身为儒家又孕育出法家思维的荀子的思想也有关联。荀子主张"圣人化性而起伪，伪起而生礼义，礼义生而制法度；然则礼义法度者，是圣人之所生也"（《荀子·性

---

① 对于丸山将朱子学看作是德川时代占统治地位的"体制教学"，迄今为止已有不少研究提出了异议，认为朱子学特别是在德川前期，其影响力是十分有限的。例如，可参见渡边浩《近世日本社会と宋学》，东京大学出版会 1985 年版。相对于此，本书的关注点不在于朱子学的社会影响，而在于朱子学的思维模式本身。

恶》），被认为是徂徕学的思想渊源。丸山在认为这"在一定程度上是正当的"的同时，又认为在徂徕看来，朱子学将政治社会的关系建立在先天的"自然"基础之上对现实中的制度改革构成了障碍，为了克服这一障碍，他将宇宙自然从圣人之道中排除，严格区分政治的"作为"与"自然"。徂徕主张："离礼乐刑政别无所谓道"。丸山认为，徂徕这里说的"礼乐"不同于荀子，"它不是旨在改造人的内面，而完全是作为政治统治的工具"①。

也就是说，在丸山看来，荀子所说的"化性起伪"（"伪"的意思是人为、作为）确实区分了"自然"与"作为"，因此，在某种程度上可以说是徂徕学之源。但是，荀子所说的"礼"是与他的性恶说密切相关的，在荀子的主张中，内在的修身与外在的治国平天下是连续的、浑然一体的，而没有像徂徕那样，将"礼"升华至纯粹的政治性的境界。徂徕主张的"先王之道"，将礼乐完全看作统治手段，意味着政治从道德中独立，这也正是徂徕思想中所体现的近代性的一面。丸山通过"自然"与"作为"这一对概念区分前近代与近代之间的本质区别，以此来批判朱子学作为体制意识形态以先天"自然"的逻辑，将现实政治社会中的上下等级与统治和被统治的关系加以正当化并固化。

---

① 丸山真男：《日本政治思想史研究》，东京：东京大学出版会，1952 年，第 211—212 页。

　　的确，从近代国家成立的观点来看，政治社会是由人的主体性的"作为"构建而成的。在此意义上，儒学意识形态将前近代家长制的上下秩序作为"自然"固定下来，这是与近代的"作为"相对立的，这也正是丸山着力批判之处。相反，对于儒家自然法所具有的"变革的原理"的一面，丸山则没有更多涉及。

　　然而，如果我们把出发点放在近代，在这一前提下思考如何"作为"——构建近代立宪体制——时，就可以发现，儒家自然法中的作为"变革原理"的一面与西方近代自然法思想有相通之处，因为它和近代西方自然法一样，作为超越性的价值对政治权力及其所主导制定的实定法具有约束作用。

　　具体来说，明治时期的日本与清末的立宪过程毫无疑问就是一个近代化的"作为"的过程，在近代化的过程中，儒家的自然法作为思想资源也被动员起来，但是它朝着两个完全相反的方向被利用。在近代的日本，它被作为意识形态将"八纮一宇"的家族国家的政治体制正当化，而在近代中国社会则正相反，是从儒家自然法中的"变革原理"的角度加以利用的。接下来要讨论的梁启超正是这样，在《发达史论》中，他从西方的自然法思想的角度重新把握儒家自然法，试图通过它与法治主义的结合，起到对实定法的规范作用，从而对统治者——亦即徂徕学中的"作为"的主体①——起到重要的牵制作用。

---

① 徂徕学的"作为"的思维模式可以说是体现近代思维的萌芽，但是"作为"的主体，即统治者的统治恰恰相反，是反近代的。

三、 儒家自然法的展开

（一） 大同与小康之间

在考察梁启超在《发达史论》中关于中国法理学的讨论前，首先需要了解他对儒家的把握，这也是他的讨论的出发点。

据梁启超本人在《清代学术概论》中所述，他对儒学把握受到其师康有为的很大影响。 清末，康有为的《新学伪经考》《孔子改制考》等给知识界以很大的冲击。 他依据魏晋之后消沉千余年的今文学派的《春秋公羊传》，非难古文学派埋没了《春秋》中的微言大义，主张《春秋》是孔子托古改制的作品。 康有为将《公羊传》中的据乱、拨乱/升平、太平的"三世"说与《礼记·礼运》中的"小康""大同"结合起来，用以描绘人类社会从据乱世向升平世的小康，最终达到太平世的大同的进化过程。 康有为主张，由于孔子在据乱世的春秋时代无法明言大同理想，就将其作为"微言"隐于《春秋》之中。

梁启超依据康有为的主张，将孔子之后的儒家分为孟荀两支，孟子通过《春秋》承孔子的大同说，荀子则通过研究孔子的"礼"，继承了小康说。《春秋》通过微言表达了孔子的太平世理想，而孔子关于礼的言说是"为寻常人说法"。 梁启超认为，汉代以后两千余年只继承了荀学，而孟学绝。 基于这一认识，接受了康有为的大同说的梁启超高举"绌荀申孟"的旗帜，与夏曾佑、谭嗣同等人的"排荀"相呼应，致力于大同精神的复兴。

梁启超对荀子的批评颇为严厉，在《论中国学术思想变迁大势》中，他认为"荀卿实儒家中最狭隘者也。 非徒崇本师以拒外道，亦尊小宗而忘大宗。 李斯坑儒所以排异己者实荀卿狭隘主义之教也。 故其所是非殆不足采"①。 然而，从梁启超的政治言论中可以看出，尽管他主张"绌荀申孟"，但梁启超自身也承认，"孔子著述言论其属于小康范围者十而八九无容讳者"②。 因此，荀子的思想作为应对现实政治课题的资源，其合理性是绝不能无视的。 梁启超对荀子的批评很严厉，却不能无视他。

另一方面，梁启超也清楚地认识到自己与康有为之间的不同。 二十世纪二十年代，梁启超谈到自己在三十岁（一九〇三年）后，绝口不谈康有为的"伪经"，也基本不触及"改制"，与其师保持距离。 但梁启超关于儒学的把握始终如初，他的自然法思想也正是从这一视角展开的。

---

① 梁启超：《饮冰室合集·文集 7》，北京：中华书局 1989 年版，第 17 页。
② 梁启超：《饮冰室合集·文集 7》，北京：中华书局 1989 年版，第 101 页。

（二）孟子与荀子

前面提到，从丸山真男的角度来看，可以说荀子的"化性起伪"从儒家的"自然"朝近代的"作为"迈出了一步。然而，同样从近代的立场出发的梁启超对荀子的评价却正好相反。梁启超对荀子的批评出自他的自然法视角。梁启超认为，儒家本尊崇自然法，儒家的法观念就是以自然法为第一前提的。① 但是作为儒家的荀子却不承认自然法，他从性恶说的角度出发，主张以"伪"——人为的礼义法度——来改变人性之恶，这为后来法家的法治主义开辟了道路，法家以"法"取代了"礼"。

从传统的大同与小康来看，梁启超扬孟子而贬荀子；从近代自然法的角度出发，梁启超同样认为荀子跟孟子无法相比，而孟子之所以远优于荀子，就在于孟子是儒家自然法的最具有代表性的体现者，那么，这意味着什么呢？

对此，首先我们需要了解梁启超对儒家自然法的把握。正如丸山指出的那样，在朱子学的思维中，儒学的伦理规范"第一，根植于宇宙秩序（"天理"）；第二，它被看作是先天（作为"本然之性"）内在于人性之中，在这双重意义上被自然

---

① 梁启超：《饮冰室合集·文集15》，北京：中华书局1989年版，第54页。

化"①。 这正是儒家的自然法所包含的两个层面。

梁启超正是从宇宙的自然与人类的自然这两个层面来叙述儒家自然法的。

首先，梁启超认为，宇宙的自然可以在《周易》，特别是《系辞》二篇中寻求，儒家一切学说都根植于自然法观念：

> 天尊地卑，乾坤定矣。卑高以陈，贵贱位矣。动静有常，刚柔断矣。方以类聚，物以群分，吉凶生矣。在天成象，在地成形，变化见矣。
>
> 圣人有以见天下之赜，而拟诸其形容，象其物宜……圣人有以见天下之动，而观其会通，以行其典礼。……言天下之至赜，而不可恶也；言天下至至动，而不可乱也。
>
> 是以，明于天之道，而察于民之故，是兴神物以前民用。……一阖一辟谓之变，往来不穷谓之通，见乃谓之象，形乃谓之器，制而用之谓之法，利用出入，民咸用之谓之神。（以上，《周易·系辞》）

以上有两点值得注意。 第一，宇宙、天地的自然与人类的自然是直接相联的，即所谓的"天人相与"。 圣人知晓宇宙自

---

① 丸山真男：《日本政治思想史研究》，东京：东京大学出版会，1952 年，第 202 页。

然，并在它的基础上行"典礼"，制定了"法"——梁启超所说的"人定法"。梁启超认为，孔子五十以学易，就是志在求得自然法之总体，以制定人定法之总体。① 第二，"天尊地卑"与"变、通"的共存。的确，《周易》的宇宙观规定了"天尊地卑"的上下秩序，这也正是丸山批判的儒学意识形态的"自然"的问题，即它用天地的上下秩序这一先天性的自然来固化人类政治社会中的家长制的上下秩序。然而，另一方面，这一宇宙秩序同时又是在不断地"变、通"之中的。《周易》中的"一阴一阳之谓道"（《周易·系辞》），意味着一阴一阳的交互往来，变化无穷的作用乃是易之理、天地之道。换言之，"天尊地卑"并非固定不变，上下之间的往来无穷、充满动态的"变、通"才是天地之道。同时，这种不间断的变通的宇宙自然与人类的政治社会是直接联系的，也就意味着在儒家的自然法中，政治社会中家长制的上下秩序亦非永远固定不变的。这正是与丸山提到的儒家作为"变革原理"的一面。

自然法的第二个层面是人类的自然的层面，而最能表达人类社会自然法的，梁启超认为是孟子。

> 率性之谓道……道也者，不可须臾离也（《礼记·中庸》）。
>
> 恻隐之心，人皆有之；羞恶之心，人皆有之；恭敬之心，

---

① 梁启超：《饮冰室合集·文集 15》，北京：中华书局 1989 年版，第 54—55 页。

人皆有之；是非之心，人皆有之。恻隐之心，仁也；羞恶之心，义也；恭敬之心，礼也；是非之心，智也。仁义礼智，非由外铄我，我固有之也。（《孟子·告子上》）

故凡同类者，举相似也，何独至于人而疑之？……至于心，独无同然乎。心之所同然者何也？谓理也，义也。圣人先得我心之所同然耳。（《孟子·告子上》）

梁启超看来，孟子认为，人类具有"普通性"，而这种普通性即出自于自然法。普通性非他，即"心之所同然"的"四端"——仁义礼智，梁启超认为这是"最为完满的理论"[1]。

以上的儒家自然法，如果从丸山的"自然"与"作为"的理论框架来看，这里的"自然"毫无疑问是应该被克服和排除的，因为它将王权神授说和家长制的等级秩序作为先天的秩序而正当化，而近代的政治社会的特征首先就在于它是由人的主体性的"作为"创造的。在此意义上，尽管徂徕思想中的"作为"的本质是为了加强德川封建专制体制因此是反近代的，但是在丸山看来，它作为思维模式却克服了儒家的"自然"逻辑，具有重大意义。

梁启超同样从近代的立场出发，认为儒家自然法与西方近代自然法具有相通之处，是创造政治秩序时可以引以为据的思想。孟子从具有普适性的人的善的本性出发构筑大同社会的思

———————————

[1] 梁启超：《饮冰室合集·文集15》，北京：中华书局1989年版，第55页。

想是梁启超的理想。 在荀子和孟子之间，梁启超从其理想出发明确地站在孟子一边。 而支持梁启超的理想的，从根本上来说就是儒家自然法。

如果说梁启超对儒家的理解得益于其师康有为，那他对儒家自然法的理解却不能不提到日本明治时期的法学家穗积陈重。

（三）穗积陈重：自然法与历史法学之间

前面提到的，穗积陈重将日本围绕民法典的争论比作一八一四年德国的法典论争。 在法学者梯鲍特（Anton Friedrich Justus Thibaut）和萨维尼（Friedrich Carl von Savigny）展开的论争中，前者主张应借鉴法国的民法，在自然法的基础上制定德意志统一的民法，后者则从历史法学的立场出发主张法应在民族的历史中形成，这场论争实际上就是自然法派与历史法派之间的论争。 陈重认为，日本围绕民法典的论争正与此相同，陈重深受西方历史法学的代表人物萨维尼影响，他就是从萨维尼的历史法学的立场出发批判自然法，主张推迟施行民法典的。

然而，实际上萨维尼并非始终一贯地批判自然法，从其法学的整体来看，"与其说他拒斥自然法论，应当说，同时代的自然法论正处于将合理主义精神与历史精神相结合的过程中，萨维尼将它往更为重视历史契机的方向进一步发展"①。关于这一点，田中耕太郎也指出："并不能一味认为历史法学派与自然法学派处于正相反的立场，历史法学派反对的是启蒙主义自然法学派强调编纂法典的意义"，历史法学者在轻视编纂法典的意义上，或可以说倒是和自然法更近了一步。②

在结束民法的起草事业之后，陈重从历史法学的立场出发，开始深入研究日本传统的祖先祭祀、五人组、隐居、复仇等法制度，在此过程中，陈重逐渐意识到了萨维尼法思想中的自然法因素的重要性③，认识到自然法观念是西方的法的发展与法学成立的基础。这是因为，自然法所代表的普适主义的视角是避免一味强调历史和文化特殊性而陷入特殊主义陷阱的重要保障。

具有儒学素养的陈重还把目光投向了中国的传统，开始关注西方自然法思想的他很容易地在儒家思想中"发现"了自然法。一九○六年初发表的论文《礼与法》正是在他加深了对西方法学中的自然法的认识的时期写就的，这篇论文可以说正反映了陈重对法学理解的变化。④ 而这篇论文发表后又迅速为梁

---

① 内田贵：《法学の誕生——近代日本にとって"法"とは何であったか》，东京：筑摩书房，2018 年，第 121 页。

② 田中耕太郎：《法家の法実証主義》，东京：福村书店，1947 年，第 123 页。

③ 内田贵：《法学の誕生——近代日本にとって"法"とは何であったか》，东京：筑摩书房，2018 年，第 121、241 页。

④ 内田贵：《法学の誕生——近代日本にとって"法"とは何であったか》，东京：筑摩书房，2018 年，第 233 页。

启超所借鉴。 在《发达史论》中梁启超从自然法角度对儒家与法家的解读可以说显著地受到穗积陈重的影响。

在《礼与法》论文中，穗积陈重将"礼"与"法"相较，认为作为人的行为规范，在低度社会中是一个由礼向法的发展过程。 在他看来，儒家的"礼"的来源归于两个路径，一个是源自于天，将人的本性归于"自然"；另一个是将礼作为圣人的"作为"——伪——而归于人为的产物①。

在穗积陈重看来，首先，礼是具有超越性的自然——"道"——的有形化，它基于人的本性，与天、天理同一化，同时它又是被人为地创作出来的"形式规范"，"是有形宗教或有形伦理"②。 其次，同为人为的形式规范，陈重特地又区分了礼与法二者："礼是宗教或德教的表征、信仰的仪容、伦理的形状和社交的秩序。 因此，礼成为规范的理由是为了将其作为宗教或德教的表征。 法因国家的权力而存在，依国家的权力而行，因此，法作为规范的理由是为了作为国权的表征"。③ 在此，陈重没有使用"自然法"一词，也许在他看来，中国自古以来法制发达，但是"有法律无法学"，是没有作为科学的法律学的。④ 但是，他明确了同作为人为的规范的礼与法二者之间的重要区别，作为道德伦理规范的礼是超越

① 《穗积陈重遗文集》［第三册］，东京：岩波书店，1934 年，第 202—203 页。
② 《穗积陈重遗文集》［第三册］，东京：岩波书店，1934 年，第 206 页。
③ 《穗积陈重遗文集》［第三册］，东京：岩波书店，1934 年，第 214 页。
④ 《穗积陈重遗文集》［第三册］，东京：岩波书店，1934 年，第 5 页。

性的,是与"天理"相通的"道"等价值的有形化;相反,法是以现实中的政治权力为背景的。 礼的权威性源自于儒家的自然法,而法的权威性则以国家为背景,是在世俗政治权力背景下制定出来的实定法。

显然,穗积陈重的论述中,对礼的叙述与以孟子为代表的儒家相通,而对法的叙述则与法家相通。 而荀子则介于儒家与法家之间。 这是因为,在否认自然法的意义上,他的思想为法家所继承,然而另一方面,礼由圣人"化性起伪"而作,"上事天,下事地,尊先祖而隆君师"(《荀子·礼论》),礼"百王之无变,足以为道贯"(《荀子·天论》),即礼可以为道之条贯,荀子主张中的"礼"依然保留了其超越性的一面,不同于法家所主张的世俗权力所制之法。

在穗积陈重看来,象征着礼与法的分化的不仅是荀子,同时还有管子,他认为:"荀子代表了礼治的终端,管子代表了法治的开端,前者是儒家却与法家相近,后者是法家却与儒家相近"。①

梁启超接受了穗积陈重的关于法的进化过程的观点,认为,从礼到法、法的规范从"社会制裁力"到"国家制裁力"的进化是中国近代国家建设过程的必经之路。 在此意义上,荀子和管子的思想对于中国的现实而言具有重大的意义。

---

① 《穗积陈重遗文集》[第三册],东京:岩波书店,1934 年,第 216 页。

（四）荀子与管子

尽管梁启超对荀子的批评相当严厉，但是作为清末最具影响的政论家，在确立立宪政治的过程中，荀子的现实主义的"小康"思想对他来说非常重要。梁启超如此说道："欲举富国强兵之实，惟法治为能致之"①。"法治主义，为今日救时唯一之主义"②。在梁启超看来，尽管历史上的法治主义缺点在于仅重视国家利益而轻视国家成员的利益，但是，从消极动机来看，它打破了阶级制度与贵族的专横；从积极动机来看，它追求富国强兵③，起到了清时弊的效用。因此，法治主义是拯救现实中的中国的唯一有效方法。从这样一种对现实的认识出发，荀子作为法家形成的思想资源变得不可或缺。这样，如何看待兼具礼治主义和法治主义因素的荀子的思想，便成为焦点。

在《礼与法》中，陈重通过"礼治的终端"的荀子和"法治的始端"的管子描绘出礼与法的分化过程，梁启超同样以进化论方式来展开他的论说。但是，在陈重的基础上，梁启超进一步讨论了礼治与法治二者之间的关系。在《发达史论》中讨论法治主义的发生时，梁启超将它与同时代春秋战国的放任主

---

① 梁启超：《饮冰室合集·文集15》，北京：中华书局1989年版，第92页。
② 梁启超：《饮冰室合集·文集15》，北京：中华书局1989年版，第43页。
③ 梁启超：《饮冰室合集·文集15》，北京：中华书局1989年版，第91—92页。

义、人治主义、礼治主义和势治主义进行了比较。① 特别是论及礼治主义与法治主义时，梁启超引用了陈重在《礼与法》中的见解。 陈重认为："原始社会乃礼治社会"②。"礼的范围与智识的发展成反比例，随着人文的进化渐缩小其范围"③，是一个由礼向法进化的过程。 梁启超继此见解，认为国家乃是由礼向法的进化之极。 在此前提下，梁启超说："儒家之言礼，法家之言法，皆认为行为之标准"④。 相对于人治，法治与礼治同样都设定了共同的规范。

而荀子正处于二者之间，圣人制"礼义法度"赋予政治社会以秩序。 然而在梁启超看来，礼固为一种制裁力，但是，"此社会的制裁力，而非国家的制裁力"⑤。 因此，他称荀子为"社会学大家"⑥。 但是中国所面临的课题不是社会问题，而是国家的富强问题，为此，最为需要的是采用"国家"主义，在此意义上，在荀子的逻辑延长线上的法治主义是最适合于国家这一课题的。 他说道："我国之有国家主义，实自法家始"⑦。

---

① 在《先秦政治思想史》中，作为容易与法治混同的概念，梁启超还提出了"术治主义"（参见梁启超《饮冰室合集·专集 50》，中华书局 1989 年版，第137 页）。
② 《穗积陈重遗文集》[第三册]，东京：岩波书店，1934 年，第 202 页。
③ 《穗积陈重遗文集》[第三册]，东京：岩波书店，1934 年，第 208 页。
④ 梁启超：《饮冰室合集·文集 15》，北京：中华书局 1989 年版，第 81 页。
⑤ 梁启超：《饮冰室合集·文集 15》，北京：中华书局 1989 年版，第 87 页。
⑥ 梁启超：《饮冰室合集·文集 15》，北京：中华书局 1989 年版，第 48 页。
⑦ 梁启超：《饮冰室合集·文集 15》，北京：中华书局 1989 年版，第 87 页。

以上，梁启超接受陈重的法进化论观点，阐述了由礼到法、法规范由"社会制裁力"向"国家制裁力"的进化过程，但是这样一来，必然出现一个疑问，那就是从礼到法的进化是否意味着法家思想是儒家法思想的进化态而在价值上处于更高的进化阶段呢？ 如果是这样，它与梁启超对儒家和法家的评价正好相反。 对此，梁启超是如何思考的呢？

梁启超在穗积陈重的基础上对儒家与法家进行了更进一步的探讨。 他的确认为向近代法治的进化是个不可回避的过程，但法进化论并非简单的进化。 相对于法治，梁启超认为儒家是尊人治的，荀子的"有治人，无治法"便显示了这一点。 梁启超认为，这确有其具真理的一面，但是，儒家的人治并非简单的人治主义。 儒家崇拜圣人，那是因为圣人知晓自然法，并在自然法的基础上制定了人定法。 因此，儒家崇拜圣人并非崇拜圣人本身，而是尊崇圣人所制之法。 梁启超引用孟子之言：

> 今有仁心仁闻，而民不被其泽，不可法于后世者，不行先王之道也。故曰：徒善不足以为政，徒法不能以自行。（《孟子·离娄上》）

这里所谓"先王之道"，即根据圣人发现的自然法所实行的德治，它通过"仁政"、礼治来体现。 因此，梁启超认为，孟子远贤于荀子，儒家实际上是兼"善"与"法"，合人治与法治而调和之的政治。 当然，这里的法治特指以"礼"的规范为基础的法治。 梁启超主张的进化指的就是这一部分，即作为规范，"礼"的形式需要向近代意义上的"法"进化。

梁启超在穗积陈重的基础上，认为主张"社会制裁力"的礼治的荀子是"社会学大家"，而主张"上下设，民生体"，"民体以为国"的管子则是"国家团体说之祖"①。 同时，梁启超认为此二者的关系是互补的："社会制裁力与国家强制组织，本为一物，礼治与法治，异用而同体，异流而同源，且相须为用，莫可偏废，此诚深明体要之言也"②。 作为"社会制裁力"的礼与作为"国家制裁力"的法并非二者选其一，也不是前者向后者的单纯进化，而是法治与礼治、德治之间的互补关系。 同时，这种互补关系是建立在梁启超对近代自然法的认识的前提下的。

（五）管子与孔子

从礼法互补的观点来看，二者兼具的荀子与管子具有重要意义。 梁启超从荀子和管子的思想来阐述礼法结合，从这一点也可以看出陈重对他的影响。

在《礼与法》中，陈重认为荀子"以隆礼治天下为主旨"③，同时又主张"明礼义以化之，起法正以治之，重刑罚以

---

① 梁启超：《饮冰室合集·文集 15》，北京：中华书局 1989 年版，第 48 页。
② 梁启超：《饮冰室合集·文集 15》，北京：中华书局 1989 年版，第 50 页。
③ 《穗积陈重遗文集》［第三册］，东京：岩波书店，1934 年，第 217—218 页。

禁之，使天下皆出于治，合于善也"（《荀子·性恶》）。荀子显然知道单纯的礼义无以治天下，须得礼刑相倚，所以，陈重认为荀子是礼法分化期的"礼治的终期"。相对于此，管子主张"法出于礼"（《管子·枢言》）、"礼正民之道也"（《管子·君臣下》）的同时，又主张"法者天下之至道也"（《管子·任法》），"君臣上下贵贱皆从法，此谓为大治"（《管子·任法》），对于管子来说，"法为治道之本"①。陈重认为管子的思想是"法治的始期"，因为管子的主张是"以法治为主，以礼治为辅"②。

穗积陈重的这一定位也为梁启超所接受，但梁启超比陈重更深入地探讨了荀子与管子的思想，并对管子予以更高的评价。这种评价一来当然是因为梁启超与陈重一样是从近代国家的法治的视角来把握管子的，另一个原因在于，梁启超将管子的思想定位为后世民本思想的源流。而保障民本思想价值正当性的正是儒家自然法。

梁启超对管子的关注是一贯的。早在一九〇二年他就发表了《论中国学术思想变迁之大势》，他认为："《管子》一书，实国家思想最深切著明者也"③。在《发达史论》中，梁启超更是高度评价管子。《管子》中主张：

---

① 《穗积陈重遗文集》［第三册］，东京：岩波书店，1934年，第219页。
② 《穗积陈重遗文集》［第三册］，东京：岩波书店，1934年，第219页。
③ 梁启超：《饮冰室合集·文集7》，北京：中华书局1989年版，第21页。

上下设,民生体,而国都立矣。……是故国之所以为国者,民体以为国。(《君臣下》)

先王善与民为一体,与民为一体,则是以国守国,以民守民也。(《君臣上》)

对此, 梁启超称管子为"国家团体说之祖"①。

梁启超在一九○六年发表《发达史论》之后, 于一九○九年的国会请愿运动中又写就了《管子传》。 在文中, 他认为, 管子是中国最大的政治家, 也是学术界的大家。 春秋时代的管子辅佐齐桓公治齐国四十年, 将齐国变为春秋时代的霸主。 管子的成功正是因为他实行了法治。《管子》中写道:

法者,民之父母也。(《法法》)

法者天下之至道也,圣君之实用也。(《任法》)

君臣上下贵贱皆从法,此谓为大治。(《任法》)

此圣君之所以自禁也。(《任法》)

法者天下之仪也,所以决疑而明是非也,百姓所悬命也。(《禁藏》)

从以上的《管子》中的叙述可以看出, 管子主张彻底实行法治, 从这一点看, 他是典型的法家。

———————————

① 梁启超:《饮冰室合集·文集 15》, 北京: 中华书局 1989 年版, 第 48 页。

但是，另一方面，梁启超认为，管子的法治主义并非纯粹的法治，与后世的法家商鞅相比，二者在"法治"这一"政术"的形式上相同，但其精神则完全相反。① 商鞅的法治主义纯为富国强兵，管子则在富国强兵之外，更有"化民成俗"的目的。《管子》中写道：

> 国有四维，一维绝则倾，二维绝则危，三维绝则覆，四维绝则灭。（《牧民》）
> 何谓四维？一曰礼，二曰义，三曰廉，四曰耻。（《牧民》）

在梁启超看来，"四维"是管子思想中最具价值的观点之一。管子还主张：

> 政之所兴，在顺民心；政之所废，在逆民心。（《牧民》）
> 夫民必得其所欲，然后听上，听上，然后政可善为也。故曰德不可不兴也。（《五辅》）
> 我有过为，而民毋过命。民之观也察矣，不可遁逃。以为不善。故我有善，则立誉我，我有过，则立毁我。当民之毁誉也，则莫归问于家矣。故先王畏民。（《小称》）

无论是顺"民心"、"畏民"、德之"六兴"（厚其生、输以

---

① 梁启超：《饮冰室合集·专集28》，北京：中华书局1989年版，第30页。

财、遗以利、宽其政、匡其急、赈其穷）中所体现的民本思想，还是"四维"，都与儒家自然法下的政治道德伦理相契合。

对于管子，孔子尽管一方面讥讽管子："管仲之器小哉！……管氏而知礼，孰不知礼？"（《论语·八佾》)，另一方面却盛赞管仲之仁："桓公九合诸侯，不以兵车，管仲之力也。如其仁，如其仁"。"管仲相桓公，霸诸侯，一匡天下，民到于今受其赐，微管仲，吾其被发左衽矣"（《论语·宪问》)。孔子高度评价管仲，认为没有管子他自己还生活在野蛮社会里。

对于管子兼具"峻治其民"与"敬畏其民"，梁启超高度评价他乃礼法兼具。这一点体现了管子与孔子间的很大不同。

孔子论及儒法之别时说："道之以政，齐之以刑，民免而无耻，道之以德，齐之以礼，有耻且格"（《论语·为政》)。扬德治而抑法治，而管子则与孔子不同："所谓仁义礼乐者皆出于法"（《管子·任法》)。在管子看来，没有法治就没有礼治。对于二者主张间的对立，梁启超明确地表明了其支持管子的立场，他认为，一国之民若皆能以德礼教育之，固非常理想，但是，德礼之力仅及于一部分有德之士君子，对于其他的人民单纯以德礼感化是无效的，正如管子所言："邪莫如蚤禁之。赦过遗善，则民不励。有过不赦，有善不积，励民之道"（《管子·法法》)。

就这样，梁启超从管子的思想中析出了礼治与法治相结合的典范，同时，他对管子的评价是以近代国家为前提的，显然，对于梁启超来说，管子所谓的君主的"自禁"，其有效性只有在近代的法治之下才能做出合理的制度性安排。 在建设近代国家的过程中，法制度的确立不可或缺，法治是救时的唯一主义，却不可能是传统法家的简单复古。 同时，对于梁启超来说，以礼为表征的儒家自然法思想中的诸价值是优越于否认自然法思想的法家的。 为了使对近代法治主义的追求不至于陷入使法堕落成为单纯的统治者的统治工具，儒家的自然法作为起到制约世俗的实定法是不可缺的超越性的价值。

以上的讨论也反映在梁启超在民国期间出版的《先秦政治思想史》中，对他来说，儒家中的"自然"并不仅仅是过了时的应予以否定的前近代思维，其中所包含的"变革原理"是不可忽视的。 梁启超正是从近代的角度出发，在穗积陈重的激发下，通过对中国法传统进行法理学的考察，思考中国的法治之道，试图在法与道德、自然法与实定法之间架起桥梁。

第六章

现代视野下的法治与正当性

通过以上考察，可以说，近代的严复和梁启超基于中国政治思想传统背景对西方的法治思想与宪政的理解进行了再诠释。 他们对法的理解与关于法的主张既以近代性为前提，同时又有着深厚的传统思想基础。

严复及其前后的包括从郑观应到章炳麟等不同政治立场的近代知识分子们对西方的宪政制度的理解离不开中国政治传统中的"通"的意识。 本书通过对严复和梁启超的考察显示了他们的法治宪政观的中国特色。 首先，"上下一心""君民一体"等传统的政治话语通过严复的"真君民"与"治者与被治者的同一性"的自治等主张而被脱胎换骨，得以近代化；近代西方的议会制度也在中国社会的政治现实中被作为将放任政府改造为有责任政府并对其进行监督、实现政治上的"通"的制度保证，这种再诠释同时凸显了西方议会制度在制衡权力之外的，调和政治社会中不同力量、群体间不同利益的功能。 梁启超则在吸收了西方自然法思想的基础上，受日本法学家的启发，从近代自然法的角度出发第一次对中国的法理学史进行了系统的梳理，提出了近代意义上的儒法思想相结合的中国的法治思想。

严复、梁启超等人作为近代的启蒙思想家，在对形成中国近代的新的法传统作出了决定性贡献的同时，他们的再诠释又为东西方文化之间架起了一道桥梁，他们的主张既是对传统的法思想、政治思想的近代化，又可以定位于中国政治思想传统的延长线上。 思想家们在向西方寻求真理的同时，又不妄自菲薄，以淬炼的态度对待自身的传统，为后人留下了弥足珍贵的思想经验。

同时，他们的思索绝不是历史中的昙花一现，反之，这种在东西方政治、法思想间充满张力的实践可以说开启了东西方文化间对话的思想传统。

一、 一九四〇年代文化论争：梁漱溟与费孝通

一九四七年，国民政府公布了《中华民国宪法》，其中包含了三权分立论中的方策、保障言论、出版、结社自由等内容，开始实行孙中山从"训政"向"宪政"过渡的构想。 同年的十一月，又实施了国民大会代表的直接选举。 对于在国共内战期间实施宪政，同时代知识分子们是如何看待的呢？ 他们经历了

五四新文化运动，其中有不少曾留学欧美，在宪政付诸实施之时，他们围绕着宪政展开了各种讨论。 其中，梁漱溟与费孝通的观点最富有代表性。

梁漱溟针对在当时的选举进行前发表了题为《预告选灾、追论宪政》的文章。 他主张："中国需要民主，亦需要宪政；不过民主宪政在中国，都要从其固有文化引申发挥，而剀切于其当前事实，不能袭取外国制度"①。 在他看来，西方的选举制度基于其数百年养成的法治传统与习惯，而中国的多数老百姓对于竞争选举茫然不知所谓。 一般老百姓无钱无势、无知无胆、无空闲、无兴趣，这种状况下，选举实际上只能使新旧恶势力获得民选美名，给他们增加一层合法保障而已，这样的选举只能成为"选灾"。 可以说，梁漱溟的批判与清末时的章炳麟对代议制的批判逻辑是一脉相承的。 梁漱溟认为，西方宪政自有其有争而无乱之道，而相对于以竞争、斗争为宗旨的西方，中国的文化则是重"和合统一"，如果将西方的"钳制与均衡"、政党分立、选举竞争等完全移植到中国来，整个精神气象就不对。 梁漱溟警告说："凡与民族固有精神优良传统相悖之事，不可行；行之，便是自取毁灭"②。

同一时期，费孝通在天津的《大公报》上发表了题为《基

---

① 梁漱溟：《预告选灾、追论宪政》（上），《观察》第 3 卷第 4 期，1947 年，第 6 页。

② 梁漱溟：《预告选灾、追论宪政》（上），《观察》第 3 卷第 4 期，1947 年，第 9 页。

层行政的僵化》（1947 年 9 月 24、26 日）的文章①，从基层社会的视角出发对现实的政治进行了批判。 在文章中，费孝通提出了"双轨政治"的观点。 他认为，健全的可持续的政治必然是上下通达，可以自由往来的双轨形式。 这一点即使是在专制政治之下的实际运作中也不例外。 在传统中国，同样也存在着自上而下的轨道和自下而上的轨道并存的"双轨政治"。 费孝通认为，中国传统的专制政治中有两道防线以防止暴君的出现。 一道防线是政治哲学中的"无为主义"，在他看来，历史上商鞅、王莽、王安石的改革都遭受失败正是因为违背了政治上的无为主义。 政治上的有为意味着自上而下地开快车，而政府所做的事是否为人民所接受无从知道，自然得不到人们的信任。 费孝通认为，"也许因为我们儒家的思想在统治阶级中支配力量太大，所以我们在过去不必在制度上去作有形的牢笼来软禁政权，以至于到现在还没有宪法的传统"②。

而比无为主义更为重要的防线则是"自下而上的政治轨道"的存在。 传统的自上而下的行政机构仅停留在县一级的衙门，知县不直接与百姓打交道，在这一体制中，乡绅主导下的社会自治组织得以维持其自律性。 由此而确立的这一自下而上的轨道，它对自上而下的专制形成了另一道防线。

但是，费孝通认为，防止权力被滥用的这两道防线都溃决

---

① 此文另收录于《费孝通文集》，群言出版社 1999 年版中，以下的《再论双轨政治》亦同。

② 《费孝通文集》，北京：群言出版社 1999 年版，第 337 页。

了。 一方面，在政府的任务日益扩大的时代，有权无能的中央已不合时宜，无为主义这道防线的溃决并不足惜；然而另一道防线，即传统的高度地方自治下得以维持的自下而上的轨道也被国民政府推行的"保甲制"破坏了。 推行保甲制是为了更彻底地执行自上而下的政令，它的本意是成为基层的自治单位，但是设计制度时却没有注意到政治单位必须以生活单位为基础。 地方的团体本其完整性，保甲制却以数量来规定，力求一律化，结果导致原有的自治单位支离破碎。 同时，在人选上，保甲作为行政机构的同时又是合法的地方公务执行者，意味着乡绅层被纳入行政机构而失去了其传统的处在官民之间的特殊作用。 结果，唯一的自下而上的轨道被堵塞。 费孝通认为，这一制度"在政治结构上破坏了传统的专制安全瓣，把基层的社会逼入了政治死角"①。

费孝通的文章引起了很大反响，社会中围绕此观点展开了深入的讨论。 费孝通又在《大公报》上发表了《再论双轨政治》（1947 年 11 月 12 日）。 在文章中，费孝通说明自己的上一篇文章的着眼点在于防止权力的滥用。 在他看来，防止权力的滥用有积极的和消极的两种方法。 传统中国的方法是消极的，而积极的方法就是民主与宪法。 费孝通说："传统中国给我们的遗产中所不足而必须向英美学习的并不是限制权力的需要，而是政治权力大可有为的现代情势中积极性防止它被滥用

---

① 《费孝通文集》，北京：群言出版社 1999 年版，第 342 页。

的有效机构"①。 所谓有效机构指的就是宪法与民主的制度。
也就是说，中国有着限制权力的思想，但缺乏的是防止权力被
滥用的机构。 可以说，这种对机构与制度所带来的保障性与有
效性的信念是自清末以来传承下来的传统。

费孝通也承认在几千年的专制政治的压迫下，中国的老百
姓的政治程度极低，他们怕事、盲从，中国现代化的需要并不
为基层老百姓所自觉。 但是，他说："我从这些事实中得出来
的结论却不是加强远离老百姓的中央权力，而是，相反的，应
该在基层自治事务中去加强启发和领导作用"②。

最后，对于自己所定义的"双轨政治"，费孝通认为，传统
结构中的自下而上的轨道是脆弱的，传统的无形组织（informal
organization）与乡绅的社会关系，并不能有效地防止权力的滥
用，而且乡绅还有可能利用自身的特权去谋私和压榨百姓。 因
此，他认为，在中央集权逐渐加强，政府逐渐大有可为的趋势
中，"要维持政治机构的健全，我们必须加强双轨中的自下而上
的那一道。 加强的方法在我看来大概只有学习英美的代议
制"。 他提到前述梁漱溟的关于"选灾"的文章，以向梁漱溟
提问的方式结束了他的文章："如果我们果真没有能力学习英美
代议制，我们有什么代替品呢？ 以往我们没有学像英美代议制
是'不为呢？ 还是'不能'？"③。

---

① 《费孝通文集》，北京：群言出版社 1999 年版，第 346 页。
② 《费孝通文集》，北京：群言出版社 1999 年版，第 250 页。
③ 《费孝通文集》，北京：群言出版社 1999 年版，第 352 页。

从以上的讨论中可以看出，一方面，梁漱溟和费孝通的观点有共同之处。第一，西方宪政是他们讨论的共同前提。宪政与民主的理念在这个时期的中国社会的知识分子中已是一个共通的前提，意味着清末以来的宪政论业已形成了一个传统。第二，他们拥有一个共同的意识，即中国与西方具有不同的政治和文化传统，因此，在思考如何学西方，向西方学什么的时候，必须从中国固有的政治文化传统出发。第三，他们的讨论与清末以来围绕"放任"与"责任"的政府，制约与调和的讨论是具有连续性的：一方面要求"有责任的政府"，一方面构筑防止滥用权力的上下相通制度的主张。

另一方面，他们基于各自对同时代的政治状况的认识而开出的处方却各具特色。梁漱溟的思想与实践，是在知识分子的指导下，通过树立乡村基层社会中人们的主体性，自觉地改造乡约的传统使之在现代社会中得以再生。这一社会运动积极倡导"相互扶助"和"人生向上"，他的实践带有浓厚的传统儒家的色彩，但是应该注意到，这一构想是以自觉地建立主体性、自下而上地构筑自治机制为目标的，体现了梁漱溟思想中的现代性。与梁漱溟相比，费孝通也同样注意到传统自治机制中的资源，但是，他更重视近代以来的立宪制度的作用。其关于立宪政治的主张与同样有过留学英国经验的严复的主张异曲同工，他们一致认为，尽管西方的立宪制自有其缺陷，然而，作为表达民权的装置、实现上下相通的机关，它对中国是有效且重要的。五四以来，在以儒家为中心的传统与现代的价值理念这两极之间包含着许多丰富多彩的主张，可以说，二十世纪四十年代的知识分子们所讨论的内容一直延续至今，依然有其现代意义。

二、 合法性与正当性——法治的政治思考

法治问题同时还是关于政治正当性的问题。 关于正当性的讨论，一般首先想到的就是合法性。 legitimacy 一词的语源是从拉丁语的 lex（法）中派生出来的，所以，正当性（legitimacy）意味着合法、在法所允许的范围内。 这也是现在依然存在"适法、合法"的译词的原因①。

如果从西方的自然法思想来看法家的法工具主义，这种工具主义存在两个方面的问题。 一方面是法作为超越最高权力而具有最高规范性的阙如；另一方面，是超越实定法的法原理的阙如。 就后者来说，法家的思维与西方的法实证主义有相通之处②。 而在法是否具有凌驾于最高权力的最高性这一点上，法家与西方的法实证主义存在着本质的区别。 但是，二者的法在

---

① ［法］夸克:《政治的正当性とは何か》，田中治男、押村高、宇野重规译，东京: 藤原书店，2000 年，第 322—323 页。
② 关于这一点，田中耕太郎:《法家の法実証主義》，福村书店 1947 年版中就已指出。

都是由统治者制定的实定法、都主张从法律中排除道德，以及主张排除对法律的限制，致使制定法律的政治权力失去约束，存在着容认政治主义的危险，在这些点上是共通的。①

法实证主义的问题就在于将具有正当性的统治还原成合法的统治，合法性成为政治正当性的终极标准。近代立宪主义的发展与法的合理化的增强，加大了在政治正当性中的实定法的作用与合法性这一标准的重要性。在这一过程中，也逐渐倾向于排除对伦理方面的考虑与对实质正义的参照。合理的法无须依照诸价值，失去了神圣不可侵的价值，合法的统治就只需要通过技术手段来保证其正当性。

针对法实证主义存在的问题，夸克主张："要让合法成为具正当性的统治的标志，法律必须与被治者们相互承认的诸价值相一致"。也就是说，要确立正当性，单有合法性是不够的。因为法律本身也需要正当化。为此，被治者的"各个人的同意"与"社会的诸基本规范"②也同样是政治正当性的条件③。这一观点在思考中国的法治时值得参考。

---

① 古贺胜次郎：《鑑の近代——法の支配をめぐる日本と中国》，东京：春秋社，2014 年，第 44、308 页。

② 从"天理、国法、人情"的统一的中国传统来看，"社会的诸基本规范"包含"天理"与"人情"，而前者"天理"则含有自然法的因素，后者"人情"则令人联想起历史法学。梁治平认为，在礼教统治下追求"天理、国法、人情"三者统一的中国法传统，兼具西方历史法学所强调的习惯的因素和自然法学所重视的理想法律规范的因素。（参见梁治平《礼教与法律——法律移植时代的文化冲突》，广西师范大学出版社 2015 年版，第 61 页）。

③ ［法］夸克：《政治的正当性とは何か》，田中治男、押村高、宇野重规译，东京：藤原书店，2000 年，第 53 页。

显然，单纯从合法性或者是否有西方那样的三权分立的制度及其作为其象征的议会制度，以及是否有竞选制度来运作代议制等制度等层面上讨论执政者的正当性是不够的。在强调法治的同时，还需要追问执政者所依之法是否基于"各个人的同意"，是否符合"社会的诸基本规范"。为了防止权力的政治主义，首先要求"各个人的同意"这一手续上的承认，同时还要看所依之法是否符合共同体成员所共有的诸社会规范。可以说，传统中的诸价值与近代以来人们所共有的"自由""平等"等近代价值共存于现代人们的价值观中，因此，这也要求我们在思考政治正当性时要在这些传统与近代价值的基础上以更广泛的视野进行审视。

同时，作为确保"各个人的同意"的表达途径和制度性的保障，不必只停留在现行的西方议会制度，例如，讨论民主（deliberate democracy）、中国各级的协商机制、公证会等反映了"通"的意识的各种形式的机制也都值得纳入我们的视野中加以考察。其次，关于"社会的诸基本规范"，在重视现代的诸价值规范的同时，也不能忽视由来自历史文化传统的成员间所共有的诸价值观念，中国既具有几千年传统的民本思想和限制君权的思想，以及基于此的"通"的政治意识，也有近代以来的民主、宪政的思想传统，它们都是构筑和发展中国的法治的重要资源。

终章

法治
——传统与现代之间

先秦儒家以孟子和荀子两派为代表，孟子主张仁政、德治；荀子强调"礼"的规范作用，其思想为韩非子等为代表的法家所继承。 法家从"牧民"的角度出发提倡法治，将其作为君主的统治工具，与儒家重视"民视、民听"的德治形成了鲜明对照。 历代的儒者为了限制君权提出了许多方法，比如，董仲舒提出"天人相与"，试图通过自然灾异现象来警告天子，限制君权；柳宗元主张通过制度而非人治来实现"公"；黄宗羲具体地提出构建"置相""学校"等制度以牵制君权。 历代认识到牵制君权的必要性的儒者并不少，但是这些思想最终没有成为制度被纳入政治体制之中。

　　在这个意义上，从近代西方传入的议会制度对中国的知识分子们产生了巨大的冲击。 这是因为，尽管有着丰富的限制君权的思想传统，在以儒家为统治意识形态的体制下终究没能产生出限制君权的制度。 也许正是因为如此，近代西方的立宪制度与其说是在法家的脉络中，不如说是被置于儒家的脉络中来理解的。 西方的议会制度被看作是将儒家的民本思想的制度化，是实现"公天下"的理念，是能实现"上下相通"和"君民一体"的制度。

这种在接受西方立宪制度的过程中凸显出来的追求"通"的思维模式，是植根于中国政治思想传统中的。 追求"上下相通"和"君民一体"的"通"的政治观可以说反映了传统民本思想的精神。"通"的源头可上溯到《周易》，它意味着包含"革命"内容的儒家民本思想同其他儒家价值一样，在《周易》中被定位为宇宙万物原理的一部分，具有重大意义。

在以《周易》为代表的传统的自然法思想之中，"泰、通"被认为是与"否、塞"相对的一种理想的和谐状态。 这种状态绝不是自"上"而"下"的单向通行，而是在"循环"和"交替"的动态中形成的。 在"泰、通"的理想中，君主、君权的至高性被相对化，限制君权、重视民意的观念从一开始就根植于《周易》的自然法思想之中。 在《周易》里，正如"上下不交天下无邦"所象征的那样，"上下相通"和"君民一体"不仅最大限度地缩小了统治者与被统治者之间的距离，而且"上"和"下"之间绝非固定不变。 将内含易姓革命思想的民本思想作为天地人一体的宇宙法则而予以正当化的这一基于中国自然法的"作为"，无疑从理论上给以前近代家长制原理为基础的政治权力设置了行为规范，并加以制约，并且为对政治权力的抵抗和革命的正当性提供了思想资源。

本书通过历史中关于"封建、郡县"的讨论、清末知识分子关于国会的讨论、费孝通的"双轨政治"论等事例纵观了中国政治思想传统中的"通"的意识。在关于"封建、郡县"制的讨论中，问题的核心在于如何了解"民隐"——人民的疾苦，实现君民之间没有阻隔的"通"。近代以来，"封建、郡县"议论被关于立宪政治、法治的议论所取代，围绕"民隐"、"民视、民听"的讨论被近代的"民权"所取代。然而，传统的"通"的政治意识并没有因为传统制度和价值观的近代化而随之消失，它在近代的脉络中被赋予了新的意义。例如，严复在大力介绍孟德斯鸠的法思想的同时又不能同意他的三权分立论，进而提出了"扶治"的国会论，这一主张纵然是严复在接受近代英国宪政的影响下提出来的，但是在根本上，它同时与传统的"通"的政治观有着密不可分的关系。同样，从二十世纪四十年代的费孝通的议论中也可以看到，西方现代的立宪制度对他来说在很大意义上就在于强化"双轨政治"中"自下而上"的轨道以保持双轨通畅的"上下相通"。

同时，《周易》作为中国的自然法的意义还在于，它赋予了包括"通"在内的儒家诸价值对现实政治的超越性。正是由于具有了这种超越性，它一方面被用来作为说明君臣间的上下关系的先天性秩序原理，另一方面，"民贵君轻"、易姓革命等儒家政治道德理念在面对现实中的政治权力和作为其统治工具的法时，至少理论上具有在道德上的约束和规定的力量。在这个意义上，由《周易》所担保的儒家的民本思想理念发挥了类似于西欧自然法的作用。梁启超正是在接受了西方自然法思想的背景下，从日本法学家穗积陈重的研究中得到启发，在中国的传统中"发现"了属于中国的"自然法"。儒家的"自然法"不能仅仅被当作是固定家长专制体制下的上下关系并将其正当化的意识形态，不能忽视它同时还具有作为"变革原理"的另一面，对于梁启超来说，它是中国的法近代化过程中的重要思想资源。

上述中国历史中的政治思想传统的特性在现代政治中尽管改变了形式，但是依然生生不息。1980 年以后的改革开放为中国社会创造了巨大的财富，在一定程度上满足了人们对生活的需求。孟子主张"有恒产者有恒心"（《孟子·滕文公上》），然而，经济上的贫富差距和权力的腐败所导致的社会不满加剧了人们对公正和公平的要求，同时，社会的发展使人们的权利意识也在磨炼中逐步成长起来。政治权力随时都面临着正当性的考验。为了让人们具有"恒心"，仅仅通过维持经济持续发展来增加财富显然是不够的。"恒心"的形成迫切地需要有保障人们"恒心"的制度。具体地说，就是如何依据公平、公正的制度分配财富，如何保障包括人们的生命、财产在内的权利，保障人们的自由。换个角度说，也可将其看作是传统的"上下相通"和"君民一体"——换言之，也就是卢梭所说的"治者与被治者的同一性"——这一课题的现代版。

为了实现"通"的政治，确保政治的正当性，重要的是，不仅仅停留在实施公正的选举和投票等手续和形式问题，同时，从各级人民代表大会、政治协商会议，到基层的公众听证会、协议会，通过各种层次、渠道的讨论、实现决策过程的民主化，也是保障"通"的政治的重要方法。

同时，限制政治权力，保障政治上的"通"的法治绝不仅仅是意味着将法制度当作统治的工具。政治的正当性必须通过不断地验证它是否经过"各个人的同意"这一手续和是否适合于中国社会中人们共有的"社会诸规范"，用以验证法治（rule of law）是否真正担保了政治上的"通"，真正地回应了"民意"。

以上，本书围绕法治概念通过历史的纵观和东西的比较进行了探讨，并以严复与梁启超为中心，通过考察他们的法治思想，阐明了近代中国的知识分子们基于中国政治文化传统对西方近代的法治进行的再诠释，以及他们在构建中国的法治思想和构想立宪制度的实践中的中国逻辑。

梁启超曾在其《新民说》中，就"新民"意义解释道："新民云者，非欲吾民尽弃其旧以从人也。新之义有二：一曰淬厉其所本有而新之，二曰采补其所本无而新之，二者缺一，时乃无功①"。可以说，这就是梁启超在接受西方近代思想过程中对待传统思想资源的基本立场。作为举全力引入西方近代思想的启蒙知识分子，严复和梁启超都是在传统的价值下成长起来的。他们所处的时代是"传统"与"近代"处于前所未有的张力之中的时代，严复和梁启超也就是在这种空前强烈的文化碰

---

① 梁启超：《饮冰室合集·专集4》，北京：中华书局1989年版，第5页。

撞之中，以"淬厉"和"采补"的精神对中国的法治建设进行探讨，也正是由于这种强烈的张力，他们的探索对当代中国的法治建设来说依然是可贵的思想资源，可以说，"新民"的课题依然是今日的课题。

主要参考文献

【序章】

蔡枢衡. 中国刑法史. 南宁：广西人民出版社，1983

陈树德. 论语集释. 北京：中华书局，1990

范忠信，郑定，詹学农. 中国式法律传统. 香港：商务印书馆，2013

冯友兰. 中国哲学史·下. 上海：华东师范大学出版社，2000

郭嵩焘. 郭嵩焘全集. 梁小进主编. 长沙：岳麓书社，2012

黄寿祺，张善文. 周易译注. 上海：上海古籍出版社，1989

金耀基. 中国民本思想史. 台北：台湾商务印书馆，1993

梁启超. 饮冰室合集. 北京：中华书局，1989

梁治平. 法律的文化解释. 北京：生活·读书·新知三联书店，1994

梁治平. 寻求自然秩序中的和谐——中国传统法律文化研究. 北京：商务印书馆，2013

瞿同祖. 中国法律与中国社会. 北京：中华书局，1981

王庆成，叶文心，林载爵主编. 严复合集. 台北：财团法人辜公亮文教基金会，1998

王先谦. 荀子集解. 北京：中华书局，1988

魏源. 海国图志. 长沙：岳麓书社，2011

〔汉〕许慎撰，〔清〕段玉裁注. 说文解字注. 上海：上海古籍出版社，1988

〔汉〕许慎撰，〔宋〕徐铉校订. 说文解字. 北京：中华书局，1963

郑观应. 盛世危言. 上海：上海古籍出版社，2008

村上淳一. 〈法〉の歴史. 东京：东京大学出版会，1997

福田欢一. 近代政治原理成立史序説（福田欢一著作集第2卷）. 东京：岩波书店，1998

福田欢一. 政治学史. 东京：东京大学出版会，1985

〔英〕李约瑟. 中国的科学与文明第3卷思想史〈下〉. 吉川忠夫，吉田忠，高桥壮，寺地遵译. 东畑精一，薮内清监修，东京：思索社，1991

〔德〕马克斯·韦伯. 支配の社会学. 世良晃志郎译. 东京：创文社，1960

寺田浩明. 中国法制史. 东京：东京大学出版会，2018

野村浩一. 近代中国の政治文化——民権·立憲·皇権. 东

京：岩波书店，2007

宇野重昭. 北東アジア学への道. 东京：国际书院，2012

【第一章】

李明辉. 儒家视野下的政治思想. 台北：台湾大学出版中心，2005

吴任臣，栾保群. 山海经广注. 北京：中华书局，2020

萧公权. 中国政治思想史. 北京：新星出版社，2005

朱伯崑. 易学哲学史. 北京：昆仑出版社，2009

朱熹. 四书章句集注. 北京：中华书局，1983

沟口雄三，池田知久，小岛毅. 中国思想史. 东京：东京大学出版会，2007

国分典子. 近代東アジア世界と憲法思想. 东京：庆应义塾大学出版会，2012

李晓东. 现代中国的省察——百姓社会的视角. 东京：国际书院，2018

［德］马克斯·韦伯. 儒教与道教. 木全德雄译. 东京：创文社，1971

丸山真男. 忠誠と反逆——転形期日本の精神史的位相. 东京：筑摩书房，1992

佐藤慎一. 〈天演論〉以前の進化論——清末知識人の歴史意識をめぐって.《思想》792 号，1990

佐藤慎一. 近代中国知识分子与文明. 东京：东京大学出版会，1996

【第二章】

程颢，程颐. 二程集. 北京：中华书局，2004

顾炎武. 日知录校释. 张京华校释. 长沙：岳麓书社，2011

柳宗元. 柳宗元集. 北京：中华书局，1979

张载. 张载集. 北京：中华书局，1978

朱熹. 朱子语类.〔宋〕黎靖德编. 北京：中华书局，1986

朱熹. 朱子全书. 朱杰人，严佐之，刘永翔主编. 上海古籍出版社，安徽教育出版社，2002

黄东兰. 近代中国の地方自治と明治日本. 东京：汲古书院，2005

山田庆儿. 朱子の自然学. 东京：岩波书店，1978

伊东贵之. 思想としての中国近世. 东京：东京大学出版会，2005

张翔，园田英弘编. "封建"・"郡县"再考——東アジア社，会体制論の深層. 京都：思文阁，2006

【第三章】

《民报》（影印本），台北："中国国民党中央委员会党史史

料编纂委员会", 1969

董仲舒. 春秋繁露. 北京：中华书局，2011

冯桂芬. 校邠庐抗议. 上海：上海书店出版社，2002

黄宗羲. 黄宗羲全集. 沈善洪主编. 吴光执行主编. 杭州：浙江古籍出版社，2005

孟德斯鸠. 论法的精神. 许明龙译. 北京：商务印书馆，2012

余英时. 朱熹的历史世界——宋代士大夫政治文化的研究. 北京：生活·读书·新知三联书店，2011

安世舟. 明治初期におけるドイツ国家思想の受容に関する一考察——ブルンチュリと加藤弘之を中心として. 报政治学·日本における西欧政治思想. 东京：岩波书店，1975

［瑞士］伯伦知理. 国法总论. 首卷（明治文化全集补卷·二），加藤弘之，平田东助译. 东京：日本评论社，1971

高桥和之. 日中における西欧立憲主義の継受と変容. 东京：岩波书店，2014

加藤弘之. 加藤弘之文书. 上田胜美等编，京都：同朋舍，1990

［德］卡尔·施密特. 现代议会主义的精神史地位. 稻叶素之译. 东京：みすず书房，2000

蠟山政道. 日本近代政治学の発展. 东京：新泉社，1968

山田央子. ブルンチュリと近代日本政治思想——"国民"观念の成立とその受容（上·下）. 《东京都立大学法学会杂志》第三十二卷第二号，三十三卷第一号，1991，1992

石田雄. 日本近代思想史の中の法と政治. 东京: 岩波书店, 1976

樋口阳一. 近代立憲主義と現代国家. 东京: 劲草书房, 1973

西村克彦. ブルンチュリ『国法汎論』（Allgemeines Staatsrecht）新訳:加藤弘之訳から一世紀を経て.《青山法学论集》17（1），1975

小野川秀美. 清末政治思想史研究. 东京: みすず书房, 1969

新田元规. 许三礼の海昌讲会と黄宗羲〈海昌五经讲义〉.《日本中国学会报》第67集，2015

许介麟. 日本と中国における初期立憲思想の比較研究——特に加藤弘之と康有為の政治思想の比較を中心にして——.《国家学会雑誌》第83卷第5，6号—11，12号，第84卷第1，2号，1970，1971

早川诚. 代表制という思想. 东京: 风行社，2014

增渊龙夫. 歴史家の同時代史的考察について. 东京: 岩波书店，1983

重泽俊郎. 周汉思想研究. 东京: 弘文堂书房，1943

【第四章】

黄克武. 自由的所以然——严复对约翰米尔自由思想的认识

与批判. 上海：上海书店出版社，2000

　　白哲特. 英国宪制. 李国庆译. 北京：北京大学出版社，2005

　　大石真. 立憲民主制——憲法のファンダメンタルズ. 东京：信山社，1996

　　李晓东. 近代中国の立憲構想——厳復・楊度・梁啓超と明治啓蒙思想. 东京：法政大学出版局，2005

　　戚学民. 严复《政治讲义》文本朔源.《历史研究》第 2 期，2004

　　清宫四郎. 権力分立制の研究（復刊版），东京：有斐阁，1999

　　Benjamin. I. Schwartz. *In Search of Wealth and Power：Yen Fu and the West*. London：Belknap Press，1964

　　史华慈. 中国の近代化と知識人——厳復と西洋. 平野健一郎译. 东京：东京大学出版会，1978

　　松泽弘阳. 日本政治思想（改订版），东京：放送大学教育振兴会，1993

　　Sir John. R. Seeley. *Introduction to Political Science：Two Series of Lectures*. London：Macmillan and Co. Limited，1923

　　远山隆淑. 妥协の政治学——英国议会政治の思想空间. 东京：风行社，2017

【第五章】

阿南成一等編. 自然法の復権. 东京：创文社，1989

阿南成一等編. 自然法の多義性. 东京：创文社，1991

长尾龙一. 法学ことはじめ. 东京：信山社，1998

渡边浩. 日本政治思想史十七～十九世紀. 东京：东京大学出版会，2010

颜昌嶢. 管子校释. 长沙：岳麓书社，1996

凯尔森. 自然法論と法実証主義. 黑田觉等译. 东京：木铎社，1973

夸克. 政治的正当性とは何か. 田中治南，押村高，宇野重规译. 东京：藤原书店，2000

梁治平. 礼教与法律——法律移植时代的文化冲突. 桂林：广西师范大学出版社，2015

内田贵. 法学の誕生——近代日本にとって"法"とは何であったか. 东京：筑摩书房，2018

青井秀夫. 法理学概説. 东京：有斐閣，2007

穗积陈重遗文集［第三册］，东京：岩波书店，1934

穗积陈重. 法窗夜话. 东京：岩波书店，1980

田中成明等. 法思想史（第二版）. 东京：有斐閣，1997

田中耕太郎. 法家の法実証主義. 东京：福村书店，1947

托马斯・阿奎那. 神学大全. 第十三卷，稻垣良典译. 东京：

创文社，1977

　　丸山真男. 日本政治思想史研究. 东京：东京大学出版会，1952

　　星野通编著. 复刻增补版民法典论争资料集. 东京：日本评论社，2013

　　【第六章】

　　费孝通. 费孝通文集. 北京：群言出版社，1999

　　梁漱溟. 梁漱溟全集. 济南：山东人民出版社，2011

　　高见泽磨，铃木贤. 中国にとって法とは何か——統治の道具から市民権利へ》（中国的問題群 3），东京：岩波书店，2010

　　古贺胜次郎. 鑑の近代——法の支配をめぐる日本と中国. 东京：春秋社，2014

后记

本书从"法"这一概念出发，关注它在东西方历史中的讨论的同时，着力于从思想史角度探讨近代中国在接受西方近代法治思想过程中，知识分子们对法治及其制度象征立宪政治的理解和解释背后的中国逻辑。

　　在政治统治中，法治的思想及其制度是政权的正当性的根本保证，法治在当代中国被定位为核心价值观之一，这意味着法治已是当代的普遍性观念。而另一方面，对法治内涵的理解则与其他众多的代表现代价值观的概念一样，因地区的不同有着不同的理解，对此又不能简单粗暴地用先进与落后、对与错来划分，需对概念内涵进行内在的理解和分析。

　　笔者自二十余年前的博士课程起开始从事近代中日立宪思想研究，在此过程中，本杰明·史华慈在《寻求富强：严复与西方》一书中指出的严复对西方近代思想的误读现象给笔者以很大启发。正如路易斯·哈茨在序言中指出的那样，"严复的这些歪曲是为获得一种新的洞察力而付出的无害的代价"，因为对西方人而言，严复对西方近代思想的理解折射出了他们自身没能充分注意到的一面。 在笔者看来，如果将这种误读和歪曲放在近代中国对西方的接受过程中来把握，也可以将它们看作是一种再诠释，严复这一代启蒙知识分子们真诚地拥抱西方，在引进西方近代思想的同时，又在中国的政治思想和文化脉络中对此进行了再诠释。 通过对他们在翻译和介绍西方近代思想过程中的译词、按语和论述等的探讨，可以在他们的启蒙活动和思想中感受到这些再诠释中东西方思想的碰撞和共鸣。接受西方近代思想的近代知识分子们在西方与传统之间的强烈张力中求索，这种空前绝后的张力使得他们的思想具有强大的生命力，愈久弥新。 本书力图通过分析严复与梁启超对中国法治的思索来展现这一点。

笔者在讨论法治时重视《周易》的视角。 迄今为止，治《周易》者鲜有人将之与政治学、法学关联起来讨论，这对于研究现代法学、政治学的学者来说基本上是风马牛不相及，本书并不欲语不惊人死不休，但确有挑战精神，将二者串联起来，通过中国哲学传统中的"自然法"思想来解读严复和梁启超关于法治的思考，展现他们在接受西方近代法思想过程中，中国传统政治哲学在他们思想深处留下的烙印。 笔者认为，这是我们思考如何让现代法治思想和文化在中国真正扎根的思想资源。

本书除序章部分内容与第五章之外的其他章节出自笔者于2018 年出版的《现代中国の省察——"百姓"社会的视点》(东

京：国际书院）一书，在译成中文后又在原有的基础上重新进行了修订。 第五章内容是基于李晓东、李正吉编著《北東アジアにおける近代的空間——その形成と影響》（东京：明石书店，2022 年）中笔者的论文《近代法理学の中国における受容と展開》的翻译和修订，同时，以此为基础加上了部分新的内容。

承南京大学学衡研究院孙江院长的热情邀约，始有此书的出版，在此深表感谢！

同时，本书也是日本人间文化研究机构（NIHU）区域研究项目"东北亚区域研究"的成果之一。 此致谢意。

李晓东

2022 年 7 月

学衡尔雅文库书目

第一辑书目

《法治》 李晓东 著

《封建》 冯天瑜 著

《功利主义》 李青 著

《国民性》 李冬木 著

《国语》 王东杰 著

《科学》 沈国威 著

《人种》 孙江 著

《平等》 邱伟云 著

《帝国主义》 王瀚浩 著

待出版书目（按书名音序排列）

《白话》 孙青 著

《共产主义》 王楠 著

《共和》 李恭忠 著

《国际主义》 宋逸炜 著

《国民/人民》 沈松侨 著

《国名》 孙建军 著

《进步》 彭春凌 著

《进化》 沈国威 著

《历史学》 黄东兰 孙江 著

《迷信》 沈洁 著

《民俗》 王晓葵 著

《启蒙》 陈建守 著

《群众》 李里峰 著

《人道主义》 章可 著

《社会》 李恭忠 著

《社会主义》 郑雪君 著

《卫生》 张仲民 著

《文学》 陈力卫 著

《无政府主义》 葛银丽 著

《现代化》 黄兴涛 著

《幸福》 谭笑 著

《营养》 刘超 著

《友爱》 孙江 著

《政治学》 孙宏云 著

《资产阶级》 徐天娜 著

《自治》 黄东兰 著

《祖国》 于京东 著

（待出版书目仍在不断扩充中）